10대
너의 행복에
주인이 되어라

10대
너의 행복에
주인이 되어라

초판 1쇄 인쇄 2016년 2월 26일
초판 3쇄 발행 2018년 4월 20일

지은이 양희규 **펴낸이** 김종길 **펴낸 곳** 글담출판사

책임편집 박정란
편집 박성연, 이은지, 김진희, 이경숙, 김보라, 안아람 **디자인** 정현주, 박경은, 손지원
마케팅 박용철, 임우열 **홍보** 윤수연 **관리** 박은영

출판등록 1998년 12월 30일 제2013-000314호
주소 (121-840) 서울시 마포구 서교동 483-9
전화 (02)998-7030 **팩스** (02)998-7924
페이스북 www.facebook.com/geuldam4u

ISBN 979-11-86650-11-0 43370
책값은 뒤표지에 있습니다.
잘못된 책은 바꾸어 드립니다.

이 도서의 국립중앙도서관 출판시도서목록(CIP)은 e-CIP홈페이지(http://www.nl.go.kr/ecip)와 국가자료공동목록시스템(http://www.nl.go.kr/kolisnet)에서 이용하실 수 있습니다. (CIP 제어번호 : 2016003947)

글담출판에서는 참신한 발상, 따뜻한 시선을 가진 원고를 기다리고 있습니다. 원고는 글담출판 블로그와 이메일을 이용해 보내주세요. 여러분의 소중한 경험과 지식을 나누세요.
블로그 http://blog.naver.com/geuldam4u **이메일** geuldam4u@naver.com

10대
너의 행복에
주인이 되어라

양희규 지음

글담출판

인생은
행복한 배움의 여행이에요

이 책은 『10대 너의 배움에 주인이 되어라』의 후편이라고 할 수 있습니다. 『10대 너의 배움에 주인이 되어라』에서 저는 대한민국 청소년들이 왜 불행한지, 그들의 불행을 어떻게 해결할 수 있을지 대답해 보려고 했습니다. 철학적인 관점보다는 실용적인 관점에서 접근하여 쉽게 읽을 수 있도록 노력하였지요. 10대 청소년들에게 철학이 다소 지루하고 어려울 것이라 생각했기 때문입니다. 그래서 철학을 마지막 부분에서만 간략하게 소개하였습니다. 그런데 책이 출간된 뒤 독자들의 반응은 예상과 달랐습니다. 많은 청소년들이 〈10대를 위한 철학〉 부분이 가장 좋았다고 이야기했습니다. 저는 깜짝 놀랐습니다.

'아니, 왜 10대들이 철학에 관심이 많은 것일까?'

물론『10대 너의 배움에 주인이 되어라』에서 소개한 것은 철학 전반에 관한 이야기는 아니었습니다. 철학의 여러 분야 중의 하나인 '윤리학'에 관한 것이었습니다. 철학에는 인식론, 논리학, 윤리학, 형이상학 등 전통적인 철학 분야가 있고 과학 철학, 예술 철학, 사회철학, 법철학 등 응용 철학 분야들이 있어요. 이 중에서 보통 사람들이 쉽게 관심을 가질 수 있는 철학 분야는 윤리학입니다. 윤리학은 '우리는 어떻게 살아야 하는가?', '우리는 어떤 사람이 되어야 하는가?', '인생의 궁극적 목적으로써의 행복이란 무엇인가?', '어떤 행위가 옳은 행위인가?' 등 삶의 가치나 의무에 관한 탐구이기 때문입니다. 그렇기에 좋은 삶, 의미 있는 삶을 살기를 원하는 사람은 누구나 윤리학이라는 주제에 관심을 갖기 마련이지요. 그래서 윤리학은 '인간의 행복에 관한 탐구'라고 할 수 있습니다.

　저는『10대 너의 배움에 주인이 되어라』에서 '행복론'에 관해 충분한 이야기를 펼치지 못했습니다. 청소년들이 철학과 행복론에 대해 더 자세한 이야기를 듣고 싶어 하는 줄 예상치 못했기 때문이었습니다. 그래서 오랜 생각 끝에 '청소년을 위한 행복론'에 대한 책을 쓰기로 하였습니다.

　철학의 아버지라 불리는 소크라테스는 "음미되지 않은 삶은 살 가치가 없다."고 했습니다. 좋은 삶, 행복한 삶을 살기 위해서는 '건강한 인생관', '건강한 행복관'이 반드시 필요합니다. 이것은 여행을 떠날 때 좋은 지도나 내비게이션이 필요한 것과 같습니다. 인생이란 우리가 한 번도 가 보지 못한 미지로 떠나는 여행이며, 한 번 다녀오면 다시 갈 수 없는 곳으로 떠나는 여행입니다. 그래서 더욱 많은 준비가 필요합니다. 우리에겐 오랜 세월 검증된 인생의 원칙들과 그 원칙들을 실행할 수 있는 지침이 들어가 있는 좋은 지도가 필요합니다. 그래야 안심하고 인생 여행을 떠날 수 있기 때문입니다.

이 책을 쓰면서 제 인생에 큰 영향을 준 성현들과 사상가들의 생각을 참고하였습니다. 하지만 그들의 생각을 그대로 소개하지는 않았습니다. 지금까지 살아오면서 '아, 이것은 정말 인생에서 중요한 것이었구나.'라고 깨달은 바를 나의 언어와 생각으로 표현하고자 노력했습니다. 그렇기에 이 책은 제 경험과 지식의 한계 속에 머무는 단점을 분명 가지고 있을 겁니다. 하지만 저의 고통과 배움이 고스란히 녹아 들어 있는 만큼, 살아 있는 이야기로 느껴질 수 있을 거라 생각합니다.

한편 이 책은 청소년들의 인생 여행을 위한 완벽한 지도가 될 수는 없습니다. 개개인이 처한 환경이 다르고, 청소년들이 앞으로 살아갈 세상이 제가 살았던 세상과 다를 것이기 때문이다. 그래서 이 책을 읽는 청소년들은 제가 제안하는 '인생 내비게이션'을 이따금 업그레이드해야 합니다. 새로운 길과 건물을 표시해야 할 것이고, 때로는 크게 수정해야 할지도 모릅니다. 그 과정을 거치면서 좀 더 완벽한 인생 내비게이션을 갖게 되길 바랍니다.

인생은 배움의 여행입니다. 우리는 죽는 그날까지 배울 수 있습니다. 그렇기 때문에 우리 인생이 아무리 힘들고 고통으로 가득 차 있다 하더라도, 살만한 가치가 있다고 믿고 있습니다. 청소년 여러분은 원한다면 무엇이든 배울 수 있으며, 행복에 이를 수 있습니다. 제가 선물로 드리는 인생 내비게이션을 가지고 힘찬 인생 여행을 시작하길 바랍니다. 여러분은 저보다 훨씬 멋진 배움의 여행을 할 것으로 믿습니다.

이 책은 강의와 대화로 이루어져 있습니다. 교실에서의 수업을 상상하면 될 것입니다. 교사가 먼저 한 주제에 대한 강의를 합니다. 그 다음에 이어지는 질의응답 시간에 학생들이 질문을 하고, 교사는 대답을 합니다. 강의와 대화로 이루어진 수업 형식이지요. 제가 필리핀 〈간디학교〉에서 사용하는 수업 방식이기도 합니다. 하지만 이 책에서 질문을 하는 학생들은 〈간디학교〉 학생도 아니고, 특별히 뛰어난 학생도 아닌, 대한민국의 보통 청소년들입니다. 좋은 대학에 가기 위해 성적을 올리기 위해 밤낮으로 공부하며 스트레스에 시달리는, 그런 가운데 가끔 인생이 무엇인지 행복은 어디에 있는지 고민하는 보통의 10대들입니다. 그들에게 이 책을 바칩니다.

2016년 3월 양희규

CONTENTS

part 1

스스로 행복하지 않다고
생각하는 10대들에게

대부분의 현대인들은 행복에 이르는 보편적인 길이 없다고 생각하는 것 같습니다. 행복이 순간의 쾌락에 있다고 믿거나, 개인의 삶에 따라 다른 상대적인 것이라고 믿는 것 같습니다. 하지만 위대한 사상가들에 따르면, 행복이란 순간의 문제가 아니라, 인생 전체의 궁극적 목적입니다. 또 누구에게나 적용되는 행복의 기준과 원칙들이 있습니다.

행복에는
두 가지 관점이 있어요

어떻게 살아야 하는지 깊이 성찰하지 않고
저절로 잘 살 수 있는 사람은 아무도 없다.

소크라테스

`희큐쌤` 여러분 안녕하세요. 여러분과 다시 철학 수업을 하게 되어
정말 기쁩니다. 여러분도 그런가요?

`학생들` 네!

`희큐쌤` 이번 철학 수업의 주제는 〈좋은 인생 혹은 행복이란 무엇인
가?〉입니다. 철학에서는 '좋은 인생(good life)'을 '행복'이라고 부르기
도 합니다. 이것은 우리가 일상적으로 사용하는 행복의 의미와는 다
르지요. 예를 들어 철수가 맛있는 빵을 먹으면서 "아, 나는 행복해."
라고 말할 때의 행복은 '기분이 좋다.'는 뜻입니다. 하지만 우리가 오

늘 다루고자 하는 주제인 행복은 그런 의미가 아닙니다. 50년, 60년 이상 오랜 세월이 지난 뒤에 "내 인생은 정말 좋은 삶이었어.", "우리 아버지의 인생은 정말 행복한 삶이었던 것 같아."라고 말할 때의 의미이지요. 철학에서 말하는 행복은 순간이 아닌 삶 전체를 아우르는 의미입니다. 나쁜 인생을 살고 싶어 하는 사람은 없을 겁니다. 모든 사람은 좋은 삶, 멋진 삶, 후회 없는 삶을 살고 싶어 하지요. 여러분 중에 혹시 좋은 삶, 행복한 삶을 살고 싶지 않은 친구가 있나요? 어떻게 하면 좋은 삶, 행복한 삶을 살 수 있을까요?

지은 음…… 노력을 많이 해야 하지 않을까요?

희큐쌤 그렇지요. 노력을 많이 해야 합니다. 그런데 구체적으로 어떤 노력을 해야 할까요? 예를 들어 여러분이 목포라는 도시에 가고자 한다면, 구체적으로 어떤 노력을 해야 할까요?

충희 목포로 가는 교통수단을 모두 알아봐야 합니다. 기차, 버스, 배, 비행기 등이 있을 거예요. 그리고 소요 시간, 비용 등 정보도 알아봐야 해요. 그다음에 나에게 가장 적합한 교통수단을 선택하는 거죠.

희큐쌤 맞아요. 목포에 가고자 한다면 나에게 가장 알맞은 교통수

철학에서 말하는 행복은 순간이 아닌

삶 전체를 아우르는 의미입니다.

나쁜 인생을 살고 싶어 하는 사람은 없을 겁니다.

모든 사람은 좋은 삶, 멋진 삶, 후회 없는 삶을 살고 싶어 하지요.

단이 뭔지 알아야 합니다. 좋은 인생을 살고자 하는 것도 이 과정과 다르지 않아요. 좋은 인생을 살고자 한다면, 좋은 인생에 도달할 수 있는 방법을 알아야 합니다. 지난 2500년의 세월 동안 여러 성현들과 사상가들이 좋은 인생에 이르는 비결에 관해 이야기해 주었습니다. 하지만 현대인들은 이런 이야기를 별로 좋아하지 않는 것 같습니다. 많은 현대인들은 대체로 지금부터 제가 소개하고자 하는 여인과 같은 생각을 갖고 있기 때문입니다.

NASA보다 술집에서 일하는 게 더 행복할까요?

희큐쌤 오래전 한 일간지 해외 토픽 기사에 어떤 여인에 대한 기사가 실렸습니다. 그녀는 미국의 술집에서 일하는 종업원이었습니다. 우연한 기회에 그 여인은 지능 지수(IQ, intelligence quotient) 테스트를 받았는데, 그 결과가 아주 놀라웠습니다. 무려 160 이상의 지능 지수가 나온 것이지요. 전문가들은 그녀의 지능 지수가 과학 천재 아인슈타인을 능가한다고 말했습니다. 그러자 여러 곳에서 그녀에게 일자리를 제의했습니다. 미국항공우주국(NASA)에서도 높은 연봉을 줄 테니 함께 일하자고 제안했지요. 그녀에게 이 일은 여러모로 엄청난 기회였습니다. 경제적으로 안정될 기회일 뿐만이 아니라, 자신이 타고난 재능을 발굴하고 발휘할 수 있는 기회이며, 사회적으로 인정받을 수 있는 기회였습니다. 그런데 놀랍게도 그녀는 단호하게 그 제의를 거절했다고 합니다.

"나는 술집에서 일하는 것이 훨씬 더 행복합니다."

이 여인의 생각은 대부분의 현대인들의 입장이기도 합니다.

"좋은 인생이란 내가 만족하는 삶이면 되는 거지, 무엇이 더 필요하단 말인가?"

좋은 인생 혹은 행복이란 누가 뭐래도 나의 '주관적인 만족'에 달려 있다는 것이지요. 그런데 사람마다 그 만족의 기준이 다릅니다. 어떤 사람은 성공, 어떤 사람은 돈, 어떤 사람은 명예, 어떤 사람은 봉사 등에서 만족을 느끼지요. 이런 입장에서는 행복의 보편적이거나 객관적인 기준은 없게 되는 겁니다. 이런 입장을 철학에서는 '상대주의적 행복론'이라고 부릅니다. 좀 어려운 용어지만, 내용은 그리 어렵지 않아요. 행복은 개인의 자기만족에 있고, 자기만족의 기준은 사람마다 다르다는 견해랍니다. 다른 말로 설명하면 행복의 객관적인 기준은 없다는 입장입니다. 이 견해에 따르면 행복에 관해서 더 이상 이야기하거나 연구할 필요가 없게 됩니다.

여러분은 어떤가요? 이야기 속 여인과 같은 생각을 가지고 있습니까? '그렇다.'는 친구 손들어 보세요. 그럼 이번에는 '아니다, 자기만족만으로 행복하다고 할 수 없다.'는 친구들 손들어 보세요. 각각 반 정도 손을 들었네요. 현재로는 여러분 중 반 정도는 '행복 상대주의자'이고, 나머지 반은 '행복 보편주의자'라고 할 수 있습니다.

백수 부자, 재능 있는 시인, 완벽한 도둑 중
누가 가장 행복할까요?

희큐쌤 다른 예를 들어 보겠습니다. 김백수, 이태백, 박루팡 세 사람을 소개하도록 하지요. 이 세 사람은 모두 자신의 삶에 크게 만족하고 있는 사람들입니다.

첫 번째 인물 김백수 씨. 이 사람은 한마디로 '부자 백수'입니다. 유산을 많이 받아 경제적 여유가 있습니다. 평생토록 직업을 갖지 않고 쇼핑과 골프 등을 즐기며 여유 있고 유쾌하게 살아가고 있습니다. 친구도 많은 편입니다. 사회적으로 그다지 기여하는 것은 없지만 개인적으로는 만족하며 살아가고 있습니다.

두 번째 인물은 시인 이태백입니다. 이 사람은 평생 술을 즐기고 시를 읊으며 친구들과 좋은 우정을 나누면서 즐겁게 살아갑니다. 좀 가난하긴 하지만 시인의 능력을 안타깝게 생각하는 주위 친구들의 경제적 지원 덕분에 굶지는 않습니다. 가난하긴 해도 기품이 있고 문학적 능력이 뛰어나서 친구들에게 사랑을 받습니다. 하지만 술을 지나치게 마셔서 알코올 중독이 의심되고, 나이가 더 들 경우 건강이 매우 우려됩니다.

세 번째 인물은 박루팡 씨입니다. 이 사람은 매우 뛰어난 도둑입니다. 완벽한 솜씨를 가지고 있어서 결코 들키지 않습니다. 주로 귀금속이나 다이아몬드만 훔치는데, 일 년에 한두 번만 도둑질을 해도 경제적으로 여유 있게 살 수 있습니다. 그래서 나머지 시간에는 음악, 운동 등 취미 생활을 하고 도둑질과 관련된 과학 기술을 연구합니다. 그래서일까요, 그의 도둑질 능력은 신의 경지에 이를 지경입니다. 이 세 사람은 앞에서 소개한 IQ 160의 여인과 마찬가지로 자기만족의 삶을 살고 있습니다. 여러분이 보기에 이 세 사람이 행복하게 살고 있는 것 같나요?

학생들 네! 부러워요.

희큐쌤 이 사람들의 삶이 부럽다고요? 하하하. 이 중에서 누가 가장 부럽나요? 이야기해 볼 사람?

태준 전 김백수가 부러워요. 저도 그런 부모님을 갖고 싶어요. 돈이 엄청나게 많다면 무엇이든 하고 싶은 것을 할 수 있잖아요.

종운 전 이태백 시인이요. 저도 그렇게 멋지게 살고 싶어요.

선명 전 솔직히 박루팡이 부러워요. 스릴 있는 삶이잖아요.

희큐쌤 이 세 사람의 삶이 부럽다고 생각하는 사람들은 확고한 행복 상대주의자라고 할 수 있어요. 그런데 이 세 사람의 삶이 행복하지 않다고 생각하는 친구들이 있나요? 이런 입장에 있는 친구들이 이야기해 볼래요?

지윤 김백수의 경제적으로 여유 있는 삶이 부럽긴 하지만, 사회적 기여 없이 그저 즐겁게 살기만 한다는 게 아쉬워요. 돈이 많다는 점이 편리하긴 하겠지만 김백수의 삶은 공허할 것 같아요. 인생을 살아가는 데 있어 의미가 필요하지 않을까요? 사랑이나 봉사 같은 거 말이에요.

광현 저는 문학을 좋아해서 이태백 시인의 삶이 부럽고, 그의 삶을 제 삶의 모범으로 삼고 싶기도 해요. 하지만 알코올 중독은 문제가 있어요. 나이가 들면 건강이 더 안 좋아질 것이고, 인생의 마지막이 비참해질 것 같기도 해요. 그래서 이태백 시인의 삶이 행복하다고 하기에는 부족한 점이 있다고 생각해요.

희조 박루팡의 인생이 영화처럼 멋지기는 한데, 도덕적으로 문제가 있잖아요. 나쁜 부자의 재산만 골라서 훔치는 의적이라고 한다면 평가가 조금은 달라지겠지만요. 도둑질을 위해 과학 기술 공부까지 할 정도라면, 범죄가 아닌 건전한 직업을 선택할 수도 있었을 텐데 안타까워요. 그래서 전 박루팡의 인생이 행복하다고 보지 않아요.

네, 좋습니다. 여러분은 제가 소개한 사람들의 인생을 각각 다른 시각에서 보고 있습니다. 그들의 삶이 행복하다고 한 입장은 행복 상대주의, 그렇지 않다고 한 입장은 행복 보편주의지요. 이와 같이 행복에 관한 견해는 두 입장으로 나눠집니다. 행복의 보편적인 기준이 없다는 행복 상대주의와 보편적인 기준이 있다는 행복 보편주의로 말이에요. 만일 제 입장이 행복 상대주의라고 한다면 우리의 철학 수업은 그만 마쳐야 할지도 모르겠습니다. 행복의 보편적인 기준이 없고 주관적인 만족에 달려 있다면, 더 이상 무슨 논의가 필요하겠습니까? 그 만족의 내용과 기준이 각각 다른데 말입니다. 각자가 자신의 행복을 찾아서 살아가면 되는 거지요.

알고 있겠지만 저는 행복 보편주의의 입장에 서 있습니다. 지난 30년간 철학도로 살면서 좋은 인생의 원칙이 존재한다고 생각했고, 나름대로 그 원칙들을 정리하게 되었습니다. 뿐만 아니라 그 원칙들에 대한 논리적 분석도 할 수 있었습니다.

모든 사람이 제 생각에 동의하는 것은 아닐 겁니다. 제 생각이 맞다는 것을 비록 증명할 수는 없겠지만, 충분히 설득할 수는 있다고 봅니다. 앞으로 강의에서 제가 깨달은 좋은 인생의 원칙들과 그 실행 지침들을 소개하고자 합니다. 자, 첫 번째 강의는 이것으로 끝입니다. 대화 시간을 가져 볼까요?

중원 '보편적'이라는 말을 주관적이거나 상대적이지 않은 것이라는 뜻으로 이해하긴 했는데, 좀 더 정확한 뜻을 알려 주시겠어요?

희큐쌤 　중원이가 좋은 질문을 했어요. 보편적이란 말은 '모든 것에 공통되거나 들어맞는다.'는 의미예요. 행복의 보편적 기준이 있다는 것은 '모든 사람에게 적용될 수 있는 행복의 기준이 있다.'는 뜻이지요. '객관적'이라는 말에 대해서도 설명할게요. 일상에서는 보편적과 객관적이 거의 비슷한 의미로 사용됩니다. 하지만 철학에서 객관적은 '우주 만물 모두에 적용된다.'는 의미로, 보편적보다 더 엄격한 의미를 갖습니다. 그래서 철학에서 행복을 논할 때 보편적이라는 단어를 사용하는 게 더 적합해요.

강의 2

보일 듯 보이지 않고,
잡힐 듯 잡히지 않는 행복?

> 배부른 돼지보다는 배고픈 소크라테스가 낫다.
>
> 존 스튜어트 밀

희큐쌤 여러분, 그동안 즐겁게 지냈나요? 얼굴을 보니 몇몇 친구들은 힘들었던 것 같군요.

예진 공부하는 게 너무 힘들어요. 공부 안 하고 살 수는 없을까요?

희큐쌤 음…… 오늘은 행복에 관해서 더 자세하게 배우게 될 터인데, 아마 공부 안 하고도 행복하게 살 수 있는지 답을 얻을 수 있을 것 같습니다. 재미있겠지요?

학생들 네!

희큐쌤 지난번에 저는 행복 보편주의를 지지한다고 말했습니다. 행복 보편주의가 무슨 뜻인지 기억하고 있나요?

정현 행복하기 위한 보편적인 기준이 있다 즉 모든 사람에게 적용될 수 있는 행복의 조건이 있다는 견해예요. 누구든지 행복하려면 이 조건을 갖추어야 한다는 뜻 아닌가요?

희큐쌤 그렇습니다. 옛 성현들이나 사상가들은 하나같이 행복에는 보편적인 기준이 있다고 가르쳤습니다. 대부분의 성자들은 행복은 사랑에 있다고 했고, 현자들이나 사상가들은 지혜에 있다고 했습니다. 저는 행복하려면 사랑과 지혜가 모두 필요하다고 생각합니다. 여러분의 생각은 어떤가요? 사랑 없이 행복할 수 있다고 생각하는 사람 손들어 보세요. 하하. 아무도 손을 들지 않는군요. 맞아요. 행복하려면 사랑을 주고받아야 한다는데 누가 반대하겠어요? 그럼 지혜가 없어도 행복할 수 있다고 생각하는 사람 손들어 보세요. 이번엔 손을 드는 사람이 좀 있네요. 희철이가 그 이유를 말해 주겠어요?

희철 사랑만 있다면 지혜가 부족해도 행복할 수 있지 않을까요? 배운 것이 없어서 좀 무식하다고 하더라도 오순도순 사랑하면서 살 수 있을 테니까요.

희큐쌤 그래요. 좋습니다. 혹시 희철이와 다른 생각을 가진 친구가 있나요?

예진 지식이 조금 부족한 것은 큰 문제가 되지 않을 수 있습니다. 하지만 삶의 지혜가 없고 판단력도 부족하다면 다른 사람과 관계를 형성하는 데 어려움을 겪을 수 있어요. 그뿐만이 아니라 어느 분야에 대한 전문성도 가지지 못해 먹고사는 것도 막막할 것 같아요. 그러면 사랑하는 것도 힘들지 않을까요?

희큐쌤 그래요. 여러분은 행복의 조건에 사랑은 반드시 필요하다고 생각하는 한편 지혜에 관해서는 좀 생각이 다르군요. 좋습니다. 이런 의문을 가지고 계속 공부를 해 나가도록 합시다.

오늘은 2500년의 윤리학사에 있어 가장 중요한 윤리 이론이라고 여겨지는 세 가지 이론을 소개하고자 합니다. '공리주의', '의무론', '자아실현적 행복론'이 바로 그것입니다.

인간은 기본적으로 쾌락주의자예요

희큐쌤 먼저 공리주의에 관해서 알아볼까요. 공리주의는 쾌락주의의 한 사상입니다. 그래서 쾌락주의에 대해서부터 먼저 이야기해 보겠습니다. 쾌락주의(hedonism)란 간단히 말해서 '인생의 궁극적 목적은 즐거움 혹은 쾌락이고, 좋은 인생이란 가능한 많은 즐거움으로 가득 찬 인생, 즉 가능한 고통이 적은 삶이라고 보는 견해'입니다.

쾌락주의에 따르면 인생의 여러 가치 중에서 즐거움이 최고의 가치이고, 다른 모든 것은 즐거움을 위한 수단입니다. 또 우리의 모든 추구 예를 들어 학교에 가는 것, 직업을 갖는 것, 학문을 하는 것, 스포츠를 하는 것 혹은 음악과 예술을 하는 것 심지어 종교를 갖는 것까지 모두 즐거움이나 쾌락을 얻기 위한 일이라고 보는 것이지요.

즐거움의 종류는 상당히 많습니다. 먹는 것, 입는 것, 안락한 집 등 우리의 기본 욕구와 결부된 것도 있고, 여러 가지 스포츠나 레저 활동과 연결될 수도 있고 독서나 연구 등의 지적인 활동과 연관될 수도 있습니다.

그런데 인간이 느끼는 고통의 종류도 많습니다. 신체적 고통은 물론 다양한 종류의 심리적 고통이 있습니다. 인간은 본능적으로 즐거움을 추구하고 고통을 피하려는 성향을 가지고 있습니다. 그래서 '인간은 기본적으로 쾌락주의자이다.'라고 할 수 있습니다.

그런데 여기서 중요한 물음은 '누구의 즐거움을 추구할 것인가?' 하는 것입니다. 나의 즐거움, 모든 사람들의 즐거움, 혹은 어떤 특정 그룹 사람들의 즐거움(예를 들면 예술을 사랑하는 사람들)? 이 물음에 '나 자신만의 즐거움'이라고 대답한다면 이것은 이기주의적 쾌락주의(egoistic hedonism)가 되는 겁니다.

이기주의적 쾌락주의를 최초로 이론화한 사람은 고대 그리스의 에피쿠로스(Epicouros, B.C.341?~B.C.270)라는 철학자입니다. 이기주의적 쾌락주의는 현대인들의 취향에 잘 맞는 편입니다. 오로지 자기 자신의 삶에만 집중하여 고통은 피하고 즐거움을 추구하는 삶을 살라는 사상이기 때문입니다. 대부분의 사람들은 다른 사람의 즐거움이나 고통에 별 관심이 없습니다. 소수의 가까운 사람들의 즐거움, 고통에는 관심이 있지만 그것은 자신에 대한 사랑의 연장으로 볼 수 있습니다. 나에게 도움을 주는 가족이나 친구 등에게 관심을 갖는 것은 나에 대한 관심의 연장이라고 할 수 있기 때문입니다.

하지만 이기주의적 쾌락주의나 혹은 모든 종류의 이기주의는 보편적인 행복론이나 삶의 지침이 될 수는 없습니다. 왜냐고요? 만일 모든 사람이 자신의 즐거움만을 극대화하려고 한다면 즉 모든 사람이 이기주의적 쾌락주의자일 경우에는, 반드시 개인과 개인 간의 대립과 충돌이 생길 겁니다. 예를 들어 어느 학급 구성원 모두가 앞자리에 앉으려고 한다면 대립이 일어날 수밖에 없을 거예요. 또 모두가 청소 당번에서 제외되고 싶어 한다면 충돌이 불가피하겠지요?

그래서 영국의 철학자 토마스 홉스(Thomas Hobbes, 1588~1679)는 그런 대립과 충돌을 막기 위해 절대적인 권력이 필요하다고 주장했어요. 이는 홉스가 주장한 '절대 군주론'의 배경이기도 하지요. 홉스는 인간을 기본적으로 이기적인 존재로 보았고, 강력한 권력이 통제를 해야만 질서와 안정이 이루어진다고 생각했습니다.

한 가지 재미있는 사실을 알려 줄까요? 이기적인 성향을 가진 사람일수록 남을 잘 배려하는 이타적인 친구를 고르는 경향이 있어요. 이기주의자들은 다른 사람까지 이기주의자인 것을 원하지 않습니다. 자신에게는 이기주의를 적용하면서도 남에게는 이기주의가 아닌 다른 기준을 적용하고 싶어 하지요. 자기모순적이라고요? 이것은 이기주의자들의 특성이랍니다. 그래서 이기주의적 쾌락주의는 사실상 행복의 보편적 규범이나 원칙이 될 수 없습니다.

공리주의는 모든 사람의 쾌락을 고려해요

희큐쌤 　그런데 즐거움을 최고의 가치로 보면서도 자신이 아닌 모든 사람, 우주 전체의 즐거움을 고려하는 입장이 있습니다. 그것이 바로 공리주의(utilitarianism)입니다. 공리주의는 영국의 법학자이자 철학자인 제러미 벤담(Jeremy Bentham, 1748~1832)에 의해 체계화되었습니다. 영국의 제임스 밀(James Mill, 1773~1836), 존 스튜어트 밀(John Stuart Mill, 1806~1873)도 공리주의 철학자들입니다.

공리주의에 대해 자세히 설명해 볼게요. 어느 학급에서 기부금을 모아 수해 지역 아동들을 돕자는 회의를 하고 있습니다. 이때 이기주의적 쾌락주의자는 기부가 나의 즐거움과 고통에 어떤 영향을 주는지 계산할 겁니다. 그러다 기부를 하는 것이 즐겁지 않다는 결론을 얻으면 기부에 반대할 것입니다. 하지만 공리주의자는 개인의 즐거움과 고통뿐만이 아니라 수해 지역 아동들의 즐거움과 고통, 그리고 기부를 함으로써 영향을 받는 모든 사람들의 즐거움과 고통을 계산할 것입니다. 그래서 기부를 하는 쪽으로 결정을 내릴 것 같습니다. 금전적으로 조금 손해는 보지만, 기부로 인해 수해 지역의 아동들이 받는 즐거움과 고통의 감소가 크기 때문입니다. 공리주의자는 나의 즐거움을 다른 사람의 즐거움과 똑같이 존중한다는 점에서 이기주의적 쾌락주의자와 큰 차이가 있습니다. 공리주의는 결과주의이며, 결과를 계산할 때 나의 행복이나 너의 행복, 그리고 만인의 행복을 공평하게 고려합니다. 나 자신의 행복을 다른 이의 행복보다 우선시하지 않습니다.

이제 중요한 질문을 할 때입니다. 과연 공리주의가 행복한 인생의 보편적 지침으로 받아들일 만한가 하는 것입니다. 공리주의에 대한 주된 비판은 여러 가지가 있고 학문적으로 좀 복잡할 수 있지만 크게 보면 세 가지로 정리할 수 있습니다.

첫째, 즐거움과 고통을 계산하거나 비교하기가 쉽지 않다는 점입니다. 둘째, 공리주의는 개인의 권리를 침해하고 그로 인해 정의의 원칙과 대립될 가능성이 있습니다. 셋째, 공리주의 원칙은 법이나 도덕의 영역에 국한되어 행복의 일반 원칙이 되기는 어렵습니다.

세 가지 비판에 대해 조금 더 자세히 알아볼까요? 우선 즐거움과 고통을 정확하게 계산하거나 비교하기 어렵다는 점에 대해 이야기할게요. 돈가스를 먹는 것과 피자를 먹는 것의 즐거움의 정도를 정확하게 계산할 수 있을까요? 아마 쉽지 않을 것입니다. 하지만 정확한 계산은 어렵더라도 비교할 수는 있을 겁니다. 돈가스가 피자보다 더 맛있다거나 반대로 피자가 더 맛있다고 할 수는 있으니까요.

서로 다른 즐거움의 경우는 어떨까요? 독서, 그림 그리기, 음식을 먹는 것, 친구들과 노는 일 등 여러 즐거움 중에서 즐거움의 정도를 비교해서 점수를 매길 수가 있을까요?

어떤 공리주의자는 이것이 가능하다고 대답했어요. 제러미 벤담은 즐거움의 양을 계산할 수 있다고 보았습니다. 하지만 존 스튜어트 밀은 질적으로 다른 즐거움이 있다고 보았습니다. 즉 양적으로만 계산하기 어렵다는 것이지요. 그런데 제가 보기에는 이것이 매우 어렵게 보입니다. 공리주의의 원칙에 따라 살아가려면 행동의 결과를 제대로 계산하고 예측할 수 있어야 할 텐데, 그 계산과 예측이 쉽지 않다는 것이 문제거든요.

하지만 이것이 공리주의의 근본적인 문제는 아니라고 생각합니다. 쉽지 않지만 우리는 늘 결과를 예상하고 비교하면서 살아가고 있어요. 수해 지역 아동을 위해 기부를 하는 것과 그렇지 않은 경우 중 어떤 선택이 더 나은지 스스로 판단할 수 있다는 것이지요. 이것 외에 인생의 많은 경우에 있어서도 우리는 결과를 예측하고 비교할 수 있습니다. 물론 정확한 계산은 쉽지 않겠지만 말입니다.

보다 심각한 얘기로 넘어가 볼까요? 앞에서 공리주의가 정의의 원칙과 대립될 수 있다고 이야기했었지요? 공리주의에서는 절대 다수의 즐거움을 위해서라면, 소수의 사람에게 고통을 줄 수 있다고 생각해요. 이런 생각은 논란의 여지가 있지요.

존 스튜어트 밀은 다수의 이익을 위해 소수의 권리를 빼앗는 사회보다는 최대 다수에게 최대 행복을 주는 사회가 정의로운 사회라고 이야기했어요. 그래서 공리주의 원칙 속에 이미 정의의 원칙이 포함되어 있다고 주장하고 있습니다.

저의 생각으로는 우리의 인생 대부분에서는 존 스튜어트 밀의 생각이 적용된다고 봅니다. 하지만 예외적, 극단적인 경우에 공리주의 원칙과 정의의 원칙이 충돌할 가능성은 여전히 열려 있습니다. 고속도로 건설을 위해 정부가 땅을 매입하고자 하는 상황을 예로 들어볼게요. 땅 주인의 한 사람이 조상이 물려준 땅에 대한 애착 때문에 결코 팔 수 없다고 할 경우, 고속도로는 직선이 되지 못하고 우회해야 하는 상황에 처하게 됩니다. 이런 경우 공리주의 입장에서는 전체의 이익을 위해 땅 주인 한 사람의 의사를 무시하면서까지 직선 도로를 건설하자고 할 것입니다. 그렇게 되면 소유권에 대한 침해라는 정의의 원칙에 어긋나게 되겠지요. 이렇게 공리주의와 정의의 문제는 중요한 철학적 쟁점으로 남게 됩니다.

마지막으로 공리주의는 법과 도덕의 영역에 국한되는 이론으로써 좋은 삶, 혹은 행복에 관한 폭넓은 사상이 되기는 어렵습니다. 즉 건강, 사랑, 지식 추구 등 보다 사적인 영역에서는 공리주의가 적용되기 어렵다는 것이지요. 물론 제가 보기에 공리주의는 입법이나 도덕의 영역에서는 꽤 쓸 만한 사상인 것 같습니다. 예를 들어, 제가 만일 정치가이고 시민을 위한 법을 입안하거나 공공 정책을 만드는 사람이라면 그 분야에 있어서는 공리주의자가 되는 것이 좋을 것 같습니다. 법과 공공 정책은 시민 모두를 공정하게 대해야 하기 때문입니다. 법안이나 공공 정책 마련에 있어 공리주의자의 관점에 서는 것은 매우 중요하고 또 필요하다고 봅니다. 만일 공공 정책을 만드는 사람이 어느 지역에 특혜를 주어, 도로가 더 절실한 마을 대신 그 특정 지역에 도로를 건설한다면 어떨까요? 정말 공정하지 않은 처사라고 볼 수 있겠지요? 그래서 개인 삶의 영역이 아니라 공적 삶의 영역에서는 이런 공리주의 입장이 중요한 기준으로 반드시 필요하다고 생각합니다.

하지만 공리주의는 도덕이나 법이 아닌 보다 사적인 영역에서는 적용되기 어렵다고 봅니다. 공리주의의 대표 사상가인 존 스튜어트 밀 또한 이러한 점을 인정하고 있었던 것 같습니다. 그는 대표적인 자유주의자이기도 한데, 『자유론(On Liberty)』이란 책에서 다른 사람에게 폐를 끼치는 일이 없는 한, 개인의 자유는 보장되어야 한다고 주장했습니다. 사적인 영역에서 어떻게 살아갈 것인가는 전적으로 그 개인의 자유의사에 달려 있다는 것이지요. 그러니 어떤 지침이나 원칙도 말할 수 없는 것이지요. 아마도 그의 마음에는 아무 말을 하지 않아도 대부분 개인의 영역에서는 개인의 즐거움의 극대화, 고통의 극소화를 추구할 것이라고 생각했을 겁니다. 쉽게 말해서 도덕과 법 등 의무의 영역에서는 공리주의자가 되고, 그 외의 사적인 영역에서는 이기주의적 쾌락주의자가 되라는 정도로 이해하면 될 것 같습니다. 이런 맥락에서 볼 때 공리주의는 여전히 강력한 행복론의 한 후보인 것임에 틀림없습니다.

이성과 양심이 옳고 그름을 구분해 줘요

희큐쌤 이제 의무론에 대해 이야기하겠습니다. 의무론은 공리주의와 달리 결과주의가 아닙니다. 의무론에서는 인간에게 결과와 상관없는 이성이나 양심이 있고, 그 이성이나 양심에 의해 무엇이 옳고 그른지 알 수 있다고 합니다. 예를 들어 '거짓말을 하면 안 된다.', '나의 이익을 위해 남을 해쳐서는 안 된다.', '자선을 베풀어야 한다.' 등의 도덕적 원칙은 결과를 계산하지 않고서도 판단이 가능하다는 것이지요. 그래서 의무론은 결과주의인 공리주의와 상당히 대조적인 이론으로 여겨집니다.

그런데 과연 모든 사람이 똑같은 양심을 가지고 있는가 하는 의문을 갖게 됩니다. 언뜻만 생각해도 사람마다 양심의 기준이 다른 것을 알 수 있습니다. 우리 반에 못되기로 유명한 악바리와 착하기로 유명한 순둥이의 양심의 기준은 차이가 크다는 것이지요. 양심이란

깊이 들여다보면 어린 시절 부모의 명령이 내면화된 것이라고 볼 수 있는데, 이러한 의미의 양심은 이성적이지 않을 수 있습니다. 이런 양심을 심리학 용어로 '초자아(super ego)'라고 합니다. 많은 사람들이 초자아와 양심을 혼동하곤 하지요. 어린 시절 기독교 교육을 철저하게 받은 사람이 일요일에 교회를 가지 않으면 죄책감을 느끼는 경우, 제사를 모시지 않으면 조상이 노한다고 믿는 경우가 초자아의 예입니다.

독일의 철학자 임마누엘 칸트(Immanuel Kant, 1724~1804)는 양심에 대한 이성적인 기준을 제시한 철학자입니다. 칸트가 제시하는 양심의 기준은 성서에 나와 있는 '황금률'이라고 보면 됩니다. '네가 대접받고자 하는 대로 다른 사람을 대접하라.'는 것이지요.

칸트는 이를 철학적으로 표현하여 '보편화 가능성'이라고 했습니다. 모든 사람에게 적용되기를 바라는 규칙을 나의 규칙으로 동시에 받아들인다는 의미입니다. 이것은 나에게 적용하는 규칙과 다른 모든 이에게 적용하고 싶어 하는 규칙 사이에 차이가 없어야 한다는 겁니다. 자신에게는 관대하고 남에게는 엄격한 것이 인간인데, 이러한 성향을 경계해야 한다는 거죠. 양심의 기준을 주관적인 잣대에서 벗어나, 보다 객관적인 보편화 가능성으로 업그레이드한 것입니다.

하지만 이 보편화 가능성이란 기준에 관해서 좀 더 생각해 볼 필요가 있습니다. 양심 대신에 보편화 가능성의 기준을 적용한다 하더라도 사람마다 다른 원칙에 도달할 수 있기 때문입니다. 대부분의 사람들은 다른 사람이 나에게 해를 가하지 않기를 바라고, 또 거짓말을 하지 않기를 바랍니다. 그래서 남에게 피해를 주어서는 안 된다는 최소한의 도덕 원칙에 동의합니다. 하지만 모든 사람이 이러한 최소한의 도덕을 넘어, 칸트가 의무에 포함하고 있는 자선 행위나 자기 계발 등도 의무의 원칙으로 받아들일까요?

어려운 상황에 처하더라도 다른 이의 도움을 바라지 않고, 남에게 도움도 주지 않을 것이라고 말하는 사람들이 있을 수 있습니다. 또 자기 계발의 여부는 개인의 자유의사에 달려 있고, 그에 대해 타인이 언급할 필요는 없다고 생각하는 사람도 있을 수 있습니다.

그럼에도 불구하고 칸트의 도덕론은 여전히 인류가 발견한 대표적인 윤리 사상의 하나로 남아 있습니다. 그래서 공리주의와 더불어 도덕과 법의 토대가 되는 양대 윤리학 사상으로 인정받고 있습니다. 공리주의와 칸트의 의무론은 서로를 견제하고 보완할 수 있는 사상인 것입니다.

그래서 칸트의 보편화 가능성의 기준은 최소한의 도덕을 마련해 주는 근거가 될 수는 있겠지만, 행복한 삶 전체의 원칙을 제공하기에는 미흡해 보입니다. 그렇다면 어떤 윤리적 이론으로 행복의 원칙에 대해 설명할 수 있을까요? 저는 그 답을 아리스토텔레스(Aristoteles, B.C. 384~B.C. 322)의 '자아실현적 행복론'에서 찾고자 합니다.

아리스토텔레스가 말하는 행복이란?

희큐쌤　저는 『10대 너의 배움에 주인이 되어라』에서 아리스토텔레스의 행복론에 대해 소개하였습니다. 그래서 자세한 내용은 반복하지 않겠습니다.

아리스토텔레스는 『니코마코스 윤리학』이라는 책을 썼고, 그 책에서 행복에 관한 방대하고 체계적인 이론을 발표했습니다. 그는 행복이란 '우리가 추구하는 가장 높은 가치이고, 그것은 우리가 가진 고유한 잠재력을 최고로 실현한 상태'라고 정의하였습니다. 우리가 가진 고유한 잠재력이란 무엇일까요?

아리스토텔레스는 인간이라면 누구나 고유한 잠재적 능력을 가지고 있으며, 그것은 생각할 수 있는 능력 즉 이성이라고 보았습니다. 잠재력을 최대한 기르고 닦아 최고의 수준에서 발휘하는 삶을 사는 것이 바로 행복한 삶이라고 했지요. 도토리 씨앗을 잠재력이라고 한다면, 그 씨앗이 자라 우람찬 참나무가 된 것은 자아가 실현된 모습(현실태)이라는 것이지요. 아리스토텔레스의 말을 요약하면 인간은 잠재력을 가지고 태어나는데, 그 잠재력이 가장 이상적인 모습으로 성장하면 그것이 행복이라는 것입니다. 아리스토텔레스가 말하는 이성은 우리의 사고 능력 전체를 포함하는 것으로 학문적 이성, 기술과 관련된 이성, 예술에 관한 이성, 그리고 일상생활 속의 판단력 등을 포함합니다.

저는 아리스토텔레스의 행복론에 기본적으로 동의합니다. 하지만 행복의 기준에 이성의 능력만 포함되는 건 찬성하지 않습니다. 의지, 정서, 신체 등의 능력도 포함되어야 한다고 생각하기 때문입니다. 즉 그의 이론을 좀 수정해야 한다는 입장이지요. 아리스토텔레스의 행복론을 자세히 들여다보면 사실상 정서나 의지의 중요성을 인정하고 있습니다. 도덕 교육은 곧 정서 교육이어야 한다는 맥락에서 행복의 주요한 덕목들은 이성의 원칙뿐 아니라 감정을 포함하고, 또 덕목들을 형성함에 있어 의지의 작용이 중요함을 강조하고 있습니다. 다만 신체의 기능에 관해서는 전혀 언급하지 않습니다.

저는 인간의 주요 기능을 이성에만 국한하지 않으려 합니다. 의지, 정서, 이성, 신체 네 가지의 기능 모두를 주요 기능으로 포함하고자 합니다.

인간은 누구나 의지의 기능을 가지고 있습니다. 몸이 아프지만 맡은 일을 해낸다거나, 졸음을 참고 시험공부를 하는 것처럼 말이에요. 우리에겐 분명 정서의 세계와는 다른 의지의 세계가 존재하는 겁니다. 신체적 기능, 정서적 기능과는 달리 작용하는 의지의 기능이 분명 있다는 것이지요.

또한 인간은 누구나 감정의 세계를 가지고 있습니다. 아침엔 콧노래를 부르다가 오후에는 우울한 마음이 되어 눈물을 흘리기도 합니다. 희로애락의 감정이 하루에도 수십 번 달라지는 것이 인간입니다.

인간에게는 생각하는 힘이 있습니다. 아리스토텔레스가 말한 '이성'은 광범위한 사고 능력을 뜻합니다. 학문적이거나 체계적인 지식을 습득하는 능력뿐 아니라, 무엇을 만들고 생산하는 능력(예를 들면 농사 기술이나 기구 제작 능력), 예술가의 능력, 그리고 일상 속에서의 판단력 등도 포함하고 있습니다. 아리스토텔레스는 이런 능력들을 통틀어 이성이라고 불렀습니다.

　마지막으로 인간은 누구나 신체적 기능을 가지고 있습니다. 이것은 순전히 생물학적인 기능을 말합니다. 배가 고프고 잠자고 싶고 성적인 욕구를 갖는 것은 신체적 기능 때문입니다.

자유+사랑+지혜+건강=행복한 삶

희큐쌤　저는 아리스토텔레스와 마찬가지로 우리의 기능(잠재력)이 탁월하게 실현된 상태를 행복이라고 보고 있습니다. 우리는 의지를 가지고 있어서 선택을 하고 그 선택에 대해 책임을 지게 됩니다. 그런데 진정 자신의 뜻으로 선택하고 책임질 수 있는 사람은 그리 많지 않습니다. 대개 외적인 요인인 억압이나 강요 혹은 내적인 요인인 두려움, 열등의식, 탐욕, 고통으로 인해 자신의 뜻대로 선택을 하지 못하는 경우가 많습니다. 이럴 경우에는 자신의 선택에 대해 책임지기 어렵습니다. 그렇기에 의지의 기능이 최고로 실현된 상태는 '자유', 자신이 선택하고 책임질 수 있는 사람을 '자유인'이라고 부를

자신의 잠재력을 최대로 실현한 사람이 행복한 사람이며,

'전인'이라고 표현하기도 합니다.

전인은 의지, 정서, 이성, 신체라는 기능을 최고로 실현한 사람으로

몸이 건강하고 사랑의 능력을 갖추고 있으며

진정한 자유와 지혜를 갖춘 사람을 뜻합니다.

수 있습니다.

정서가 잘 발달된 사람은 이상적인 관계를 이루게 됩니다. 정서는 주로 인간관계에서 영향을 받기 때문입니다. 그래서 정서적 기능이 최고로 실현된 상태를 '사랑'이라 부를 수 있습니다. 하지만 이러한 이상적인 관계를 이루고 있는 사람 또한 흔치 않습니다.

다음으로 인간은 잠재된 이성의 능력을 가지고 태어납니다. 그 능력을 제대로 계발하는 사람도 있지만, 많은 사람들이 여러 가지 이유로 그 능력을 사장시킵니다. 이성의 능력을 최대한 실현한 상태를 '지혜'라고 합니다. 한 연구에 따르면 인간은 대부분 자신이 가진 능력의 5% 정도 밖에 계발하지 못하고 죽는다고 합니다.

마지막으로 신체적 기능이 최고로 실현된 상태를 '건강'이라고 부를 수 있습니다. 하지만 실제로 이러한 상태에 도달해 있는 사람은 드뭅니다.

보편주의 행복론의 입장에서는 자신의 잠재력을 최대로 실현한 사람이 행복한 사람이며, '전인'이라고 표현하기도 합니다. 전인은 의지, 정서, 이성, 신체라는 기능을 최고로 실현한 사람으로 몸이 건강하고 사랑의 능력을 갖추고 있으며 진정한 자유와 지혜를 갖춘 사람을 뜻합니다. 우리가 가진 자그마한 씨앗이 우람찬 나무가 된다는 것이지요.

그런 의미에서 앞에서 이야기했던 IQ 160인 여인이나 김백수, 이태백, 박루팡 등은 자신의 네 가지 능력을 모두 계발하지 않은 삶을 살았으므로 행복한 삶이라고 하기 어렵습니다. 자, 이렇게 공리주의, 의무론, 자아실현적 행복론에 대한 이야기를 마치겠습니다. 여러분의 생각이나 궁금한 점을 들어 볼까요?

동현 선생님, 아리스토텔레스에 따르면 공부를 잘하는 친구들은 행복하고 공부를 못하는 친구들은 행복하지 않다는 결론이 나오는 건가요? 저는 공부를 못하니 생각의 힘을 제대로 실현하지 못할 것이고 따라서 행복한 삶을 살지 못한다는 것인데, 아리스토텔레스의 입장은 매우 차별적인 이론인 것 같아요.

희큐쌤 그렇지 않습니다. 아리스토텔레스의 견해는 인간은 누구나 생각하는 힘을 가지고 태어났다는 것이지 개인차를 부정하는 것은 아닙니다. 공부를 잘하는 것은 생각하는 능력의 한 종류가 뛰어나다는 것이지요. 아리스토텔레스는 적어도 네 가지 지혜가 있다고 했습니다. 우선 이론적 지혜, 실천적 지혜, 기술적 지혜, 그리고 예술적 지혜 등 입니다.

이론적 지혜란 우주와 인간에 관한 체계적인 지식을 뜻하는데 이러한 지혜는 '학자'나 '연구자'에게 필요합니다. 실천적 지혜는 우리가 일상생활에서 흔히 말하는 지혜의 의미예요. 삶과 관련된 판단력이라고 할 수 있지요. 이러한 지혜를 가진 사람을 '현자'라고 부릅니다. 기술적 지혜는 대체로 생산과 관련된 지혜인데 농사를 짓거나 집을 짓거나 요리를 하는 등 삶에 필요한 것을 만들어 낼 수 있는 지혜입니다. 우리는 이러한 지혜를 가진 사람을 '장인'이라 부릅니다. 마지막으로 예술적 지혜는 아름다움을 창조해 내는 지혜입니다. 아름다운 음악과 그림과 시와 디자인을 창조하는 지혜이지요. 이러한 지혜를 가진 사람을 '예술가'라 부릅니다. 그러니 공부를 잘하고 못하는 것만으로 행복한 삶이나 지혜의 유무를 판단해서는 안 됩니다.

다운 선생님, 인간은 다 다르잖아요. 성질이 급한 사람 느린 사람이 있고, 각자 좋아하는 것도 달라요. 좋아하는 음식, 좋아하는 운동, 좋아하는 취미가 다른 것처럼, 행복의 길도 모두 다른 것이 아닐까요?

희큐쌤 다운이의 생각도 맞습니다. 자세히 들여다보면 사람들이 좋아하는 것은 다 다릅니다. 하지만 보편적인 행복의 요소는 비슷해요. 많은 사람들이 좋아하는 동물인 개를 예로 들어 보지요. 개의 행복은 무엇일까요? 거기에 객관적인 기준이 있다고 생각합니까? 아니면 개마다 각각의 기준이 다 다르다고 생각하나요?

다운 물론 개마다 다르긴 하겠지만 개의 공통적인 속성이 더 중요한 것 같아요. 모든 개에게는 맛있는 음식, 주인이 함께 놀아 주는 것 등이 중요한 행복의 요소인 것 같아요.

희큐쌤　그렇습니다. 인간도 마찬가지입니다. 과학자의 눈으로 사람을 보면 인간은 거의 동일한 유전자(미세한 남녀 차가 있지만)를 가지고 있다고 합니다. 그래서 보편적 속성이 더 크게 보이는 것입니다.

나경　아리스토텔레스는 인간만이 이성의 능력을 가지고 있다고 했는데, 동물들도 수준은 낮지만 생각하는 능력을 가지고 있잖아요. 아리스토텔레스 같은 위대한 학자는 왜 인간만 이성을 가지고 있다고 한 걸까요?

희큐쌤　좋은 지적입니다. 동물들도 우리처럼 감정을 가지고 있습니다. 기분이 좋을 때가 있고, 시무룩할 때도 있어요. 애완동물의 경우 주인의 행동에 화가 나면 한동안 밥을 먹지 않기도 하지요. 그뿐만이 아니라 생각을 통해 움직이고, 위기 상황에 대처하는 등 사고 활동을 하고 있습니다. 그런데 왜 아리스토텔레스는 동물의 이성을 인정하지 않았을까요? 그건 아리스토텔레스 개인의 문제로 보기 어렵습니다. 인류는 아리스토텔레스가 살던 시대뿐만이 아니라 2000년 이상 오랜 시간 동안 무지한 편견에서 벗어나지 못했습니다. 동물은 물론이고, 여성에 관해서도 남성과 동등한 능력을 가지고 있다는 사실을 인정하지 않았지요. 그런 시대를 살았기에 위대한 철학자인 아리스토텔레스도 무지한 편견을 당연하게 받아들였던 것으로 보입니다. 이것을 우리는 '시대적 한계'라고 부르기도 합니다.

예진 인간에게만 행복이 있는 건가요? 동물의 삶에도 행복한 삶과 불행한 삶이 있을까요?

희큐쌤 동물도 우리와 같이 의지, 정서, 이성, 신체 등 네 가지 기능을 가지고 있으니, 동물에게도 행복한 삶과 불행한 삶이 있다고 보는 게 맞겠지요? 앞으로는 동물들의 행복에 관해 인간과 동등한 관점에서 이야기할 시대가 올 것입니다. 존 스튜어트 밀은 19세기에 행복에 관해 이야기하면서 인간 외에 고통과 즐거움을 느끼는 존재 즉 동물들을 배제하지 않았습니다. 하지만 이런 생각이 여러 사람들의 관심 주제가 되려면 많은 시간이 필요할 것 같네요.

수진 의지, 정서, 이성, 신체 네 가지 기능을 모두 잘 발휘하는 것이 행복이라고 하셨잖아요. 그런데 이 얘기가 추상적인 이야기처럼 들리는 것도 사실이에요. 어떻게 하면 네 가지 기능을 잘 발휘할 수 있을까요? 자유, 사랑, 지혜, 건강을 성취하는 실질적인 방법을 알고 싶어요.

희큐쌤 좋은 질문입니다. 그것에 관해서는 아리스토텔레스가 명확하게 이야기해 주고 있습니다. 한마디로 '좋은 습관'이 키워드입니다. 행복에 이르려면 좋은 습관을 가져야 합니다. 그는 좋은 습관이 좋은 인격을 갖게 하고, 좋은 인격을 가진 삶이 곧 행복한 삶이라고 했습니다. 그러니 의지, 정서, 이성, 신체 네 가지 기능을 최고로 발휘하게 하는 좋은 습관이 무엇인지 파악하는 것이 중요합니다. 이러한 좋은 습관에 대한 내용은 앞으로 자세하게 이야기하도록 하겠습니다.

part 2

의지가 있다면
무엇이든 할 수 있어요

인간은 자유롭지 못하면 행복할 수 없습니다. 진정으로 원하는 길을 선택
하지 않는다면 부와 명예와 권력도 별 의미가 없습니다. 그래서 자유란 진
정한 자기 선택이며, 자기 선택에 대한 철저한 책임입니다.

강의 3

두려움을
용기로 이겨 내요

> 인간은 불안의 존재이다.
>
> 하이데거

희큐쌤 여러분 지난 시간에는 행복론에 관해 공부했습니다. 아리스토텔레스의 행복론과 저의 행복론을 소개했지요. 이제부터 본격적으로 행복으로 향하는 원칙과 지침들을 배우게 될 겁니다. 모두 행복 여행을 떠날 준비가 되었나요?

학생들 네!

희큐쌤 인간에게는 네 가지 기능이 있고 그 기능을 최고로 실현한 것이 행복이라고 했지요? 그 네 가지 기능이 무엇인지, 동수가 이야기해 볼까요?

동수 의지, 정서, 이성, 그리고 신체의 기능입니다.

희큐쌤 네, 맞아요. 그 네 가지 기능이 탁월하게 실현된 상태, 즉 탁월성을 각각 무엇이라고 표현했나요? 선희가 이야기해 볼까요?

선희 의지의 탁월성은 자유, 정서의 탁월성은 사랑, 이성의 탁월성은 지혜, 신체의 탁월성은 건강이에요.

희큐쌤 네, 좋습니다. 오늘은 의지의 탁월성에 관해서 알아보겠습니다. 의지는 영어로 'will', 'spirit'이라고 합니다. 의지는 결정을 하거나 결단을 내리는 힘이에요. 또 두려움, 유혹, 고통이 있더라도 해야 할 일과 원하는 일을 해낼 수 있도록 지켜 주는 내면의 힘이기도 합니다. 그래서 고대 철학자들은 의지를 병사에 비유하곤 했습니다. 적으로부터 우리를 보호해 주고 지켜 주는 병사 말입니다.

의지는 우리가 두려움, 유혹, 고통을 이겨 낼 수 있도록 지켜 주는 에너지입니다. 젊은 시절 저는 의지의 중요성에 대해서 잘 알지 못했습니다. 하지만 나이가 들어갈수록 의지 없는 재능, 두뇌, 노력조차도 한순간에 물거품이 되고 만다는 것을 깨닫게 되었습니다.

우리 모두는 자유롭게 살고 싶어 합니다. 원하는 것을 스스로 선택하고 그 선택에 대해 책임을 지는 것이 좋다고 생각합니다. 하지만 그렇지 않은 경우가 허다합니다. 자세히 들여다보면 스스로를 속

의지는 결정을 하거나 결단을 내리는 힘이에요.
또 두려움, 유혹, 고통이 있더라도
해야 할 일과 원하는 일을 해낼 수 있도록 지켜 주는
내면의 힘이기도 합니다.

이거나, 변명이나 합리화하고, 회피하는 경우가 많기 때문입니다.

"민정아, 너 왜 갑자기 법대에 가기로 한 거야? 원래 생물학을 공부하고 싶어 했잖아."

"그래, 그랬어. 그런데 법대에 가서 판사가 되면 정의를 실현할 수 있잖아. 법학도 어쩌면 생물학 못지않게 흥미로울 것 같아."

민정이는 부모님이 원하셔서 생물학 대신 법학을 선택했는지도 모릅니다. 그러면서 자신의 결정인 것처럼 말하는 것은 아닐까요?

"수정아, 다음 주부터 피아노 배운다고 하지 않았어?"

"그랬는데, 안 하기로 했어. 피아노에 관심이 없어졌거든."

수정이는 어쩌면 피아노를 배우고 싶지만 잘하지 못할까 두려운 마음에 관심이 없어졌다고 거짓말을 하고 있는지도 모릅니다. 그래야 마음이 편할 테니까요. 혹시 여러분도 이런 경험을 가지고 있나요?

그런데 왜 이런 자기기만이 일어나는 걸까요? 왜 자신의 선택이 아니면서도 자신의 선택이라고 하는 걸까요? 그 이유는 여러 가지입니다. 두려움, 욕심, 유혹, 체면, 강요, 열등의식, 비교 등의 장애 요인이 순수한 나의 선택을 가로막지요. 진정 내가 원하는 선택을 하고 자유인이 되고자 한다면, 두려움을 비롯한 여러 장애 요인을 극복해야 합니다. 그렇지 않으면 자신도 모르는 사이에 여러 장애 요인에 의해 스스로 선택하지 못하게 됩니다. 이 중에서도 가장 보편적인 이유는 두려움입니다. 두려움 때문에 어려움을 겪은 친구들의 이야기를 살펴볼까요.

오래전 이야기입니다. 중학교 1학년 남학생 A는 다니던 학교를 그만두고 간디학교에 왔습니다. A는 언제부터인가 학교에 가지 않고 거리를 헤매고 다녔습니다. 학교에 가는 것이 두려웠기 때문이었습니다. 이 일을 알게 된 A의 부모는 A를 정신과 의사에게 보내어 상담 치료를 받게 했습니다. 그럼에도 별 진전이 없자 A의 부모는 A를 간디학교에 보냈습니다.

A는 간디학교에 와서도 수업에 참석하지 않고 기숙사에 틀어박혀 한동안 나오지 않았고, 모자를 깊이 눌러 쓰고 있어서 얼굴을 보기 어려웠습니다. 심각한 증세였지요. 교사들은 걱정이 되어 A를 붙잡고 대화를 시도해 보았습니다. 하지만 A는 "제발 혼자 있게 내버려 두세요."라는 말만 계속했지요.

A는 두려움에 빠져 있었습니다. 두려움에 빠진 상태에서는 아무것도 선택할 수 없습니다. 자신이 원하는 삶을 전혀 꿈꿀 수 없는 것이지요. 1년이 한참 넘어서야 A는 모자를 벗고 얼굴을 보여 주었고, 기타를 치기 시작했습니다.

다른 예도 이야기하겠습니다. 예쁘장하고 활달한 중학교 1학년 여학생 B가 있었습니다. B는 수학 시험 직전이 되면 위경련을 일으켜 데굴데굴 구르곤 했습니다. 수학 시험이 너무 두려워 나타난 증상이었지요. B가 수학 시험을 앞두고 데굴데굴 구를 때마다 급하게 병원으로 데리고 갔습니다. 그런데 놀라운 것은 병원에 가는 도중에 B는 아무 일도 없었다는 듯이 위경련을 멈췄습니다. 그래도 안심이 되지 않아 의사에게 상황을 설명하고 원인을 물으면, 의사는 그저 스트레스성이라고 답변했습니다. 이런 일은 여러 차례 계속되었습니다. B는 예쁜 외모에 밝은 성격을 가졌고, 춤 실력이 뛰어난 아이였습니다. 그런 B가 수학 시험만 앞두면 이런 증상을 보이는 것이 믿기 어려웠습니다.

또 다른 예를 들겠습니다. C라는 여학생에게는 몇 년째 사귄 남자 친구가 있었습니다. 그런데 C의 남자 친구는 상당히 폭력적인 성향을 가지고 있었습니다. 주위의 아이들을 괴롭히고 돈을 빼앗았으며, 심지어 여자 친구인 C에게도 종종 그런 성향을 내보이곤 했지요. 그럴 때마다 C는 남자 친구와 헤어져야겠다고 마음먹었습니다. 하지만 왠지 모를 두려움이 몰려와 그렇게 하지 못하고 있었습니다. 도대체 왜 헤어지는 것을 두려워하는 걸까요?

이제 A, B, C의 두려움에 대해 함께 분석해 보기로 합시다. 우선 세 사람의 상황에 대한 설명이 필요합니다. A의 아버지는 엘리트 중의 엘리트입니다. 서울대 의대를 가장 우수한 성적으로 졸업해 지금까지도 전설적인 존재로 여겨지지요. A는 공부를 잘하기는 하지만 아버지의 찬란한 경력을 따라갈 정도는 아니었습니다.

B는 한 살 위의 언니가 있습니다. B의 언니는 모범생이어서 교사인 부모님의 기대를 한 몸에 받았습니다. 하지만 B는 공부가 취미에 맞지 않고, 특히 수학에 자신이 없었습니다. 그래서 공부 잘하는, 특히 수학을 잘하는 언니가 너무 싫었습니다. C의 사정도 이야기할게

요. C는 어린 시절 부모가 이혼하면서 가족과 헤어졌고, 끝내 보육원에 들어가게 되었습니다.

두려움을 이겨 내면 용기가 생겨요

희큐쌤 많은 사람들이 두려움 자체를 인정하지 않습니다. 이것은 심각한 문제입니다. 놀랍게도 많은 이들이 두려움은 나쁜 것이거나 수치스러운 것이라고 생각합니다. 그래서 두려워하고 있다는 것을 표현하지 못합니다.

학교를 그만둔 A, 수학을 두려워하는 B, 남자 친구와 헤어지지 못하는 C에게 무엇을 두려워하느냐고 묻는다면 처음에는 부인할 겁니다.

"아뇨, 전 두렵지 않아요."

"그래. 그런데 왜 수학 시험 직전에 스트레스를 받는 거니?"

"글쎄요……."

두려움은 결코 부끄러운 것이 아닙니다. 모든 인간은 두려움을 갖고 있습니다. 부끄러운 것은 두려움을 갖는다는 사실이 아니에요. 오히려 두려움을 인정하지 못하고 두려움 때문에 제대로 된 인생을 살지 못하는 게 부끄러운 것이지요. 그렇기 때문에 용기의 첫 번째 단계는 두려움을 인정하는 것이라고 생각합니다.

"나는 학교가 두려워."

"나는 수학이 두려워."

"나는 남자 친구와 헤어지는 것이 두려워."

솔직하게 내면의 두려움을 인정하는 것은 아주 어렵지만 중요한 일입니다. 인정 없이는 극복이 불가능하기 때문입니다.

저는 과거에 낯선 사람에게 길을 묻는 것을 두려워했습니다. 아내가 왜 길을 묻지 않느냐고 물으면 대답을 회피하곤 했던 기억이 납니다. 그런데 일단 저 스스로 그런 두려움이 있다는 것을 인정하고 나니, 용기가 생겼고 결국 길을 묻기 시작했습니다. 그 뒤로 길 묻는 것에 대한 두려움이 사려졌습니다. 두려움을 인정하고 나니, 용기를 낼 수 있었던 겁니다.

'진짜 두려움'을 찾는 것이 중요해요

희큐쌤 ▶ 다시 A, B, C의 이야기로 돌아가 볼까요? A는 어린 시절부터 성적으로 아버지의 기대를 만족시킬 수 없을 것이라는 걸 알았습니다. 성적으로 아버지를 만족시킬 수 없기에 아버지가 자신을 '인정하지 않을 것'이고 어쩌면 자신을 '사랑하지 않을 것'이라는 두려움을 갖게 되었을지도 모릅니다. 그래서 성적을 매기는 학교를 두려워하게 되고 결국 학교를 그만두게 되었던 거예요. 즉 학교 가는 것을 두려워한 진짜 이유는 아버지의 인정과 사랑을 받지 못할 거라는 두려움에 있었던 것이지요.

B는 어떤 경우인가요? B는 어린 시절부터 언니와 비교 당하면서 자랐습니다. 언니는 모범생으로 인정받았고, B는 부모님이나 주위의 사람들로부터 언니에 비해 낮은 평가를 받곤 했습니다. 특히 B에게 수학은 가장 하기 싫고, 잘하지도 못해서 언니를 따라가기는 불가능한 과목이었습니다. B가 수학 수업과 수학 시험을 두려워한 진짜 이유는 수학 성적으로 인해 언니와 비교 당하고, 그로 인해 부모님의 인정과 사랑을 받지 못할 것이라는 생각 때문이었습니다.

C의 경우도 살펴볼까요? C는 남자 친구와 헤어지는 것을 두려워합니다. 하지만 그것이 진짜 두려움은 아니지요. C는 어린 시절 부모님이 이혼하면서 평온한 가정에서 보육원으로 갑작스럽게 환경이 바뀌었습니다. 그런 C에게 누군가와 이별하는 것은 혼자가 되는 것이며, 그것이 두려움의 진짜 모습입니다. 남자 친구와의 헤어짐은 돌보아 줄 사람이 없어 보육원에 가야 했던 기억까지 떠오르게 하는 두려움으로 다가오는 것입니다. 이제 세 사람의 두려움을 더 알기 쉽게 분석해 볼까요?

- A의 1차 두려움: 학교에 가는 것

  2차 두려움: 성적

  3차 두려움: 아버지의 인정과 사랑을 받지 못하는 것

•B의 1차 두려움: 수학 시험

　　 2차 두려움: 언니와의 비교

　　 3차 두려움: 언니보다 부모의 사랑과 인정을 받지 못하는 것

•C의 1차 두려움: 남자 친구와 헤어지는 것

　　 2차 두려움: 혼자 외로운 상황에 놓이는 것

　　 3차 두려움: 보육원에서의 경험처럼, 누군가와의 이별 후에 많은

　　　　　　　 고통과 어려움을 겪게 될 것이라는 것

　이와 같이 표면에 나타난 두려움을 파헤쳐 내려가면 그다음의 두려움, 그리고 마지막 가장 깊은 곳에 있는 두려움에 이르게 됩니다. 이것을 가장 근원적인 두려움, 궁극적인 두려움이라고 할 수 있겠지요. 이러한 두려움을 쉬운 말로 '진짜 두려움'이라고 불러 봅시다. A와 B가 학교나 수학 시험을 두려워한 것은 근원적으로 부모의 인정을 받지 못할까 하는 두려움 때문이었습니다. C의 진짜 두려움은 남자 친구와 이별하면 부모와의 이별 뒤처럼 큰 고통과 어려움이 몰려오지 않을까 하는 두려움입니다.

　여러분들은 겉으로 보기에 학교, 수업, 시험, 꾸지람 등 여러 가지 종류의 두려움을 가지고 있습니다. 하지만 그 두려움 아래 좀 더 파고 들어가면 아마도 다음과 같은 두려움에 도달할 수 있을 것입니다. 성적에 대한 두려움을 예로 들어볼까요?

① 부모의 기대에 부응하지 못해 실망시키거나 인정을 받지 못할까 하
  는 두려움

② 이성 친구가 초라한 성적에 실망하여 떠나지 않을까 하는 두려움

③ 친척들의 웃음거리가 되지 않을까 하는 두려움

④ 내신 성적이 나빠 좋은 대학에 가지 못하는 건 아닐까 하는 두려움

①, ②는 인정받지 못하는 것에 대한 두려움이고, ③은 이미지나 체면 손상에 대한 두려움입니다. ④는 좀 더 분석해 볼 필요가 있습니다. 좋은 대학에 가지 못하는 건 아닐까 하는 두려움 안에는 더 깊은 두려움이 있습니다. 좋은 대학에 가지 못하면 직장을 구하지 못하고 먹고살기 어렵게 될지도 모른다는 두려움일 수도 있는 것입니다. 이럴 경우 경제적 안정을 얻지 못할 것이라는 두려움이 궁극적인 두려움이라고 해야겠지요.

두려움의 종류는 너무나 다양합니다. 하지만 수많은 두려움의 종류를 들여다보면 더 보편적이고 깊은 두려움이 있다는 것을 발견하게 됩니다. 이런 심층의 두려움들은 대체로 다음과 같습니다.

• 버림받을까 하는 두려움, 인정받지 못하는 것에 대한 두려움, 거절당
  할까 하는 두려움, 외로움에 대한 두려움, 이미지 손상에 대한 두려움

이러한 두려움은 공통의 특징이 있습니다. 우리가 삶에서 누리고

자 하는 모든 멋진 것들을 빼앗는다는 것입니다. 즉 우리가 원하는 놀라운 경험과 배움의 기회를 빼앗아 원하는 삶을 살 수 없게 된다는 것입니다. 그럼 어떻게 해야 할까요? 어떻게 하면 이런 두려움을 없앨 수 있을까요? 이제부터 두려움에 어떻게 대처해야 할 것인지 생각해 보기로 합시다. 두려움이 없는 사람은 없습니다. 그렇기에 두려움에 어떻게 대처하느냐가 더욱 중요합니다.

'진짜 두려움'에 직면해 볼까요

희큐쌤 A가 학교 가는 것을 두려워 한 진짜 이유가 아버지의 기대를 충족시킬 수 없고, 그로 인해 아버지의 인정을 받지 못할 거라는 두려움 때문이라는 것을 알게 되었다면, A는 '아버지의 인정'과 직면하여야 합니다. 그 방법은 솔직하게 묻는 것입니다. A는 아버지에게 자신의 성적이 좋지 않을 경우 아버지의 인정을 받을 수 없는 것인지 물어야 합니다. 아버지의 대답은 두 가지로 생각해 볼 수 있겠지요. 먼저 아버지는 전혀 그렇지 않다고 대답할 수 있습니다. 그렇다면 사실상 아무 문제가 없지요. 하지만 아버지가 성적이 나쁜 아들을 인정할 수 없다고 답할 경우는 문제가 상당히 어려워집니다.

　B의 경우 수학을 못할 경우 부모의 인정을 받지 못하는 것인지 확인해 보아야 할 것입니다. 수학 때문에 언니보다 낮은 평가를 받고

있는지도 알아보아야 합니다. 두려움이 실체인지 혼자 상상한 것인지 깨달아야 하는 것입니다.

C는 남자 친구와 헤어져 혼자가 되는 것이 참지 못할 정도로 두려운 상황인지 자신에게 물어보아야 합니다. 그리고 남자 친구와 헤어질 경우 정말 혼자가 되는지 아니면 동성 친구나 친척의 도움을 받을 수 있는 상황인지도 따져 보아야 합니다. 그렇지 않으면 막연한 두려움에 휩싸여 원하지 않는 인생을 살게 될 수도 있습니다.

진짜 두려움의 뒤에는 실체가 있는 경우와 없는 경우가 있습니다. 아버지가 성적에 만족하지 못해 자식을 인정하지 않는 현실, 수학을 못하는 동생을 언니보다 낮게 평가하는 부모, 남자 친구와 헤어질 경우 한동안 외로운 상황에 놓이게 되는 처지 등 실체가 있는 경우는 정말 슬프고 어려운 상황일 수 있습니다. 하지만 인생에는 늘 어려움이 있는 법이고, 이러한 역경에 도전하고 직면하는 것은 우리가 성장하고 배우는 길입니다. 이 과정은 우리를 좀 더 지혜롭고 용기있는 사람이 될 수 있게 도와줍니다.

두려움에도 불구하고 건강한 가치관과 자신감만 있다면!

희큐쌤 '진짜 두려움'이 우리의 상상이 아니라 현실이라면 어떻게 해야 할까요? 예를 들어 버림받는 두려움, 인정받지 못하는 두려움,

외로움에 대한 두려움, 경제적 안정에 대한 두려움 등이 나를 짓누르고 있다면요. 인간이 자신의 의지대로 선택하고 책임지는 삶을 살지 못하게 하는 두려움에는 한 가지 공통의 이유가 있습니다. '나는 그 두려움을 도저히 해결할 수 없어.' 하는 무기력한 마음이 바로 그것입니다. 두려움의 가장 깊은 근원에는 자기 자신에 대한 믿음의 부족이 존재합니다. 학교에 가는 것이 두렵고, 수학 시험이 두려워 위경련을 일으키고, 외로움에 대한 두려움을 갖는 것은 궁극적으로 자신에 대한 믿음 부족 때문이라는 것입니다. 따라서 자신감을 회복하고 자기 자신에 대한 믿음을 길러 나가는 것만이 이 문제들의 궁극적인 해결책이 될 것입니다. 그렇다면 자신에 대한 믿음과 자신감은 어떻게 기를 수 있을까요?

건강한 인생관은 자신감 회복에 큰 도움이 됩니다. 그래서 우리가 행복론에 대해 공부하는 것이지요. 제대로 된 가치관과 행복론을 가지게 되면 자신이 소중한 존재임을 깨닫게 되고 어떠한 상황에 처하더라도 이겨 낼 수 있다는 희망도 품게 됩니다.

A의 아버지가 자식의 성적에 만족하지 못하고 과소평가하고 있는 것이 사실이라면 무척이나 슬픈 현실입니다. B의 경우, 수학을 못한다는 이유로 저평가되고 있다면 이것 또한 슬픈 현실입니다. C의 경우, 이별 후에 큰 고통이 다가올 것이라고 상상하는 것이 이해는 가지만 이는 합리적인 생각이 결코 아닙니다. 그래서 A, B, C 모두에게 소신과 건강한 가치관이 무엇보다도 필요합니다. 『10대 너의

배움에 주인이 되어라』에서 밝혔듯이 사람은 누구나 다른 재능을 타고 나며, 자신의 타고난 재능을 갈고 닦아 발휘하는 것이 가장 좋은 지혜의 길입니다. A는 이런 가치관을 습득해 아버지에게 자신의 소신을 이야기해야 합니다. 학교 성적이 아닌 자신의 타고난 재능을 잘 발휘한 삶을 살 수 있다고 부모나 주위 사람들을 설득하는 것이지요. 그리고 당당하게 자신의 실력만큼 성적을 받는 데 만족하는 겁니다.

B도 마찬가지입니다. 부모님에게 자신이 수학은 못하지만 춤이나 다른 활동을 통해 얼마든지 좋은 인생을 살 수 있다는 것을 말씀드릴 수 있겠지요. 그런 뒤 당당히 수학 시험을 치고 아주 낮은 점수를 받더라도 개의치 않으면 됩니다. 수학에 대한 두려움이 줄어든다면 오히려 수학 공부를 제대로 시작할 수도 있습니다. 끝내 수학이 어렵고 하기 싫다면 대안학교나 홈스쿨링을 고려해 볼 수도 있고요.

C의 경우도 건강한 가치관을 가지고 있다면 인간관계를 넓히기로 결심할 수 있을 겁니다. 좋은 사람들과 깊은 우정이 필요하다는 자각을 통해, 남자 친구와 헤어지고 다른 친구들을 만나려는 노력을 하게 되겠지요.

사람은 종종 두려움 때문에 자신이 원하는 선택을 하지 못하고 원하는 길을 가지 못하곤 합니다. 이럴 때 어떻게 해야 하는지 복습해 볼까요? 승원이가 이야기해 주겠어요?

승원   우선 내게 두려움이 있다는 것을 인정해야 해요. 그다음엔 그 두려움 아래 진짜 두려움이 무엇인지 찾아내야 합니다. 그 뒤에는 진짜 두려움이 상상에 의한 것인지 현실인지 판단해야 해요. 마지막으로는 스스로 문제를 해결할 수 있다는 자신감과 소신을 가지고 두려움을 해결해야 합니다.

희큐쌤   정말 잘 정리해 주었어요. 질문이 있는 사람이 있나요?

은호   모든 두려움은 다 나쁜 것인가요? 우리에게 도움이 되는 두려움도 있지 않을까요? 높은 곳에서 두려움을 느껴 조심한다거나, 질주하는 자동차에 대해 두려움을 느껴 안전한 속도로 운전하는 것처럼이요.

희큐쌤   좋은 지적입니다. 두려움 중에는 자연스러운 것들이 있습니다. 절벽에 서거나 자동차가 질주하는 걸 보면 두려움을 느끼는 것은 아주 자연스러운 일이지요. 이는 자연의 섭리에 의한 장치이며, 자신을 보호하기 위한 중요한 본능입니다. 이런 종류의 두려움을 '보호 본능에 의한 두려움'이라고 부릅니다. 이것은 우리가 스스로를 보호하기 위해 존재하는 필요한 두려움입니다. 모든 생명체에게는 이런 두려움이 있습니다. 하지만 이런 종류가 아닌 다른 두려움은 우리가 원하는 삶을 살지 못하게 하는 장벽이 됩니다. 두려움 때문에 직업을 바꿀 수 없고, 좋아하는 사람에게 고백하지 못하고, 두려움 때문에 배우고 싶은 것을 배우지 못하는 것. 우리가 이번에 주로 이야기한 것은 바로 인생의 장벽이 되는 두려움에 관한 것입니다.

원중 그럼 보호 본능에 의한 두려움이 아닌 다른 두려움을 완전히 없앨 수 있는 방법이 있을까요?

희큐쌤 좋은 질문입니다. 저도 오랫동안 그런 두려움을 없애야 한다고 믿었습니다. 하지만 제 생각이 틀렸다는 걸 얼마 전에 알게 되었지요. 그것을 깨닫게 해 준 사람은 수잔 제퍼스(Susan Jeffers)라는 분이었습니다. 그녀는 『도전하라 한번도 실패하지 않은 것처럼(Feel The Fear and Do It Anyway)』에서 자신은 늘 두려움에 휩싸여 살아왔고 그것이 너무나 지겨웠던 어느 날 깨달음을 얻게 되었다고 고백하고 있습니다. 수잔 제퍼스는 많은 노력을 통해 두려움에 의해 인생의 좋은 결실들을 전혀 누릴 수 없던 상황에서 벗어나게 되었고, 그 경험을 바탕으로 두려움 연구소를 만들었지요. 두려움 연구소는 두려움 때문에 어려움을 겪고 있는 사람들을 돕고 있습니다.

수잔 제퍼스는 두려움을 없앨 수는 없다고 말합니다. 그럼 어떻게 하느냐고요? 두려움을 없애려고 할 것이 아니라 두려움을 느끼되 두려움 속에서도 원하는 바를 실행하면 된다고 했습니다. 두려움에도 불구하고 우리가 원하는 대로 행동하는 것이 중요하다는 것이지요. 우리가 변화를 추구하고 성장하는 한 두려움은 계속 찾아올 것입니다. 두려움이 없는 인생은 없다는 뜻이지요. 용기란 두려움이 없는 상태를 뜻하는 것이 아니라, 두려움에도 불구하고 자신의 길을 가는 것이랍니다.

강의 4
감사하는 마음이
욕심을 줄여 줄 거예요

인간의 덕목 중 가장 으뜸가는
것은 감사의 덕목이다.
키케로

희큐쌤 지난번에는 두려움이라는 장벽에 관해 공부했습니다. 우리
는 종종 두려움 때문에 원하는 삶을 살지 못하게 되며, 두려움을 없
앨 수는 없지만 두려움에도 불구하고 원하는 바를 실행하기 위해 노
력해야 한다고 배웠지요.

오늘은 욕심에 관해서 생각하는 시간을 갖도록 하겠습니다. 인간
의 가장 보편적인 동기는 두려움과 욕심이라고 지적한 글을 본 적
있습니다. 인간의 행동에 가장 중요한 동기가 두려움과 욕심이라는
것이지요. 두려움에 관해서는 지난번에 생각해 보았고, 이번에는 욕
심에 대해 이야기해 보도록 하겠습니다.

욕심이 인간을 자유롭지 못하게 만들어요

희큐쌤 몇 년 전 어느 대안학교에서 강연을 한 적이 있습니다. 그때 이런 질문을 했습니다. "여러분 중에 엄청나게 많은 돈을 벌고 싶은 사람은 손을 들어 보십시오." 얼마나 많은 학생들이 손을 들었을까요? 놀랍게도 전교생 중 두 명을 제외하고는 모두 손을 들었습니다. 필리핀 간디학교에서 철학 수업을 하던 중에는 이렇게 질문했습니다. "여러분은 얼마나 많은 돈을 벌고 싶습니까?" 그때 대부분의 학생들이 100억 원, 500억 원, 1000억 원 정도를 벌고 싶다고 대답했습니다. 그렇게 큰돈을 어떻게 벌 생각이냐고 물었더니, 대부분 아무런 대답을 하지 못했습니다.

저는 이것이 오늘을 살아가는 세대의 보편적인 생각이고, 이러한 추세는 점점 강화되고 있다고 생각합니다. 한국의 어느 철학자는 한국인들의 공통된 철학은 '돈을 많이 벌자.'라고 했습니다. 하지만 이는 한국인만의 철학이 아니라 전 세계인의 철학이 되어 가고 있습니다.

돈에 대한 지나친 욕심은 우리가 자유롭게 살 수 없는 중요한 원인이 됩니다. 욕심이 우리의 올바른 선택을 가로막는 장벽이 되기 때문입니다. 예를 들어 사람들이 쉽게 사기를 당하는 이유는 지나친 욕심 즉 탐욕 때문입니다. 욕심 때문에 싼값에 좋은 물건을 살 수 있다는 사기꾼의 말을 믿고, 적은 투자로 큰 이익을 얻는다는 말에 속아 넘어가 잘못된 투자를 합니다. 공무원은 욕심 때문에 뇌물을 받고 불법 인허가를 내 주거나 세금을 낮추어 줍니다. 그러다 결국 징역형을 받기도 하지요.

쉬운 예를 들어 봅시다. 한 남학생이 학교 시험에서 상습적으로 커닝을 했습니다. 그 남학생을 A라고 부르겠습니다. A는 비교적 공부를 잘하는 편입니다. 그런데도 커닝 페이퍼를 철저하게 만들어서 더 나은 성적을 받으려 했습니다. 고위 공무원 B는 3억 원의 뇌물을 받고 미흡한 조건의 골프장을 짓도록 허가해 주는 등 불법적인 일을 했습니다. B는 행정 고시에 합격한 고위 공무원이어서 충분한 정도의 급여를 받고 있습니다. 게다가 아내의 집안에서 사업을 해 결혼할 때 수십 억 원짜리 고급 빌라도 받았습니다. 객관적으로 보면 일적인 성공을 거두었고, 재산도 넉넉해 뇌물을 받아야 할 아무런 이유가 없었습니다.

A가 충분히 좋은 성적을 받고 있는데도 커닝을 한 것은 무엇 때문일까요? B는 왜 충분한 재산과 수입에도 불구하고 뇌물을 받고 불법적인 일을 저지른 걸까요? 선뜻 이해가 되지 않습니다. 한번 분석해 보기로 할까요?

• A의 1차 욕구: 내 실력보다 더 좋은 내신 성적을 받겠다.

　　2차 욕구: 좋은 내신 성적을 받아 명문 대학에 가겠다.

　　3차 욕구: 명문 대학을 졸업하고 좋은 직장을 얻겠다.

4차 욕구: 그래서 많은 돈을 벌겠다.

5차 욕구: ?

• B의 1차 욕구: 불법으로 골프장 건설 허가를 내 주고 3억 원을 받겠다.

2차 욕구: 100억 원을 모으겠다.

3차 욕구: 1000억 원을 모으겠다.

4차 욕구: ?

만일 A가 커닝을 잘해서 좋은 내신 성적을 받고, 명문 대학에 진학하고, 좋은 직장을 얻는다면 B 같은 어른이 될 것 같습니다. B는 지속적으로 더 많은 돈을 벌고 싶은 욕구를 가지고 있습니다. 하지만 아마도 더 많은 돈을 벌어 무엇을 얻고자 하는지에 대해서는 명확하지 않을 것입니다. 어쩌면 많은 돈을 버는 것 그 자체가 인생의 목표인지도 모르겠습니다.

이 두 사람은 오늘날 현대인의 모습을 그대로 그려 주고 있습니다. 오늘날 대부분의 사람들은 끊임없이 욕심을 키워 가고 있습니다. 더 좋은 집, 더 좋은 차, 더 좋은 가구, 더 좋은 가전제품 등 만족이란 없습니다. 왜 그런 걸까요? 그건 늘 자신이 가진 것에 불만족하기 때문입니다.

왜 인간은 자신이 가지고 있는 것에 만족할 수 없는 것일까요? 많은 사람들은 좋은 대학에 가기만 한다면, 아파트만 살 수 있다면, 자동차를 살 수 있다면 등 늘 이것만 가지게 된다면 저것만 가지게 된다면 만족하고 행복할 것이라고 노래를 합니다. 하지만 막상 그것을 가지게 되면 얼마 있지 않아 다시 만족하지 못하게 됩니다. 욕심은 늘 새롭게 생기고 결코 채워질 수 없기 때문입니다.

인간은 왜 그런 걸까요? 1억 원만 가져도 잘살 수 있는데 왜 50억 원, 100억 원, 1000억 원을 가지고자 할까요? 여기에는 적어도 두 가지 원인이 있는 것 같습니다. 하나는 인간의 '적응 능력' 때문이고, 다른 하나는 '비교 경쟁' 하려는 성향 때문입니다. 이것에서 인간의 영원한 비극은 시작됩니다. 우선 적응 능력에 대해서부터 살펴보기로 합시다.

아무리 큰 만족이라도 적응하고 나면 사라지기 마련이에요

희큐쌤 인간의 두뇌는 워낙 발달되어 있어서 어떤 조건에도 적응하게 됩니다. 인간은 매우 고통스럽고 부정적인 것부터 매우 즐겁고 긍정적인 것까지 다 적응합니다. 예를 들어 포로수용소에 끌려가게 되어 폭력과 고문에 시달리고 춥고 덥고 잠자리도 불편한 상황에 놓이더라도 시간이 지나면 어느 정도 적응해 처음과 같은 고통을 느끼지는 않습니다. 마찬가지로 아무리 좋고 멋진 환경에도 금방 적응해 얼마나 좋은지를 느끼지 못하게 됩니다. 비싸고 좋은 차와 으리으리한 집과 자가용 비행기에도 얼마 지나지 않아 적응하게 되면 특별한 느낌을 갖지 않게 된다는 겁니다. 몇 가지 통계를 보면 이해가 더 쉽습니다. 『행복경제학(Dagobert-Dilemma)』이라는 책에서는 이와 관련된 좋은 자료를 보여 주었습니다. 이 책에 따르면 어느 학자가 7800명의 독일인과 그들의 소득을 관찰했다고 합니다. 그 결과 소득이 늘고 난 첫 해는 높은 만족감을, 두 번째 해는 어느 정도 긍정적 만족감을 보이지만, 2년이 지나고 나면 만족감은 사라지고 만다고 밝혔습니다.

이것은 아무 것도 아닙니다. 아주 큰 행운을 잡은 사람들도 몇 년이 지나면 아무런 만족감을 갖지 않는다고 합니다. 미국과 독일에서 수십 억 원 이상의 로또에 당첨된 사람들을 연구한 사례가 있습니다. 약간의 차이는 있었지만, 대체로 결론은 같았습니다. 수십 억 원의 거액을 받게 됨으로써 얻게 되는 긍정적인 영향은 어마어마합니다. 크고 멋진 집이 생기고, 아름답고 우아한 새로운 환경 속에 살게 되며, 비싸고 튼튼한 차와 자가용 비행기 같은 것을 갖게 됩니다. 그뿐만이 아니라 아름다운 곳에 자리한 멋진 별장도 소유할 수 있습니다. 이처럼 새로운 환경을 갑작스레 선물받게 된 거액의 로또 당첨자들은 처음 1년은 아주 크게 만족하며 삽니다. 하루하루가 천국 같지요. 하지만 2년 정도 지나면 그런 생활에 적응하게 되고, 만족감은 크게 떨어지게 됩니다. 그렇게 3~4년이 지나면 만족감은 거의 사라진다고 합니다. 믿기 어렵다고요? 하지만 한 번 더 생각해 보면 이해가 될 것입니다.

여러분이 새 스마트폰을 사게 되었을 때를 기억해 보세요. 처음에는 정말 흥분되고 기분이 좋았지요? 그런데 그런 기분이 얼마나 지속되었나요? 한 달 아니면 3개월 혹은 6개월? 손을 들어 보세요. 먼저 6개월…… 아무도 없고, 3개월…… 2명, 한 달…… 반 정도가 손을 들었네요. 이 강의실을 기준으로 볼 때 청소년들은 새 스마트폰을 사고 난 뒤 한 달 정도 행복하다는 뜻이군요. 그 이유는 아마도 스마트폰에 완전히 적응되어 당연한 것이 되고, 그것이 특별한 기쁨을 주지 못하기 때문일 겁니다. 늘 밥을 먹는 것과 별 차이가 없어지는 거지요.

여러분이 생각할 때 가장 오랫동안 만족을 주는 것은 무엇인가요? 영국 속담에 따르면 가장 지속적이고 오랜 만족감을 주는 소유물은 집이라고 합니다. 그런데 연구에 따르면 으리으리한 집조차도 2~3년 정도가 지나면 특별한 만족감을 주지 못한다고 해요. 그러니 다른 소유물은 그보다 유효 기간이 더 짧다는 것이죠.

그래서 인간은 끊임없이 새로운 것을 추구하게 됩니다. 국산 소형차에서 고급 외제차로, 작은 전셋집에서 고급 전원주택으로 욕심을 키워 나가는 거죠. 이런 욕심은 끝이 없습니다. 인간은 곧 적응하기 때문에 늘 불만족한 상태에 있게 됩니다. 소득이 증가함에 따라 물질적인 욕심은 거의 동일한 궤적을 그리며 위쪽으로 달려가는 것입니다.

은메달 수상자보다 동메달 수상자가 더 행복한 이유

희큐쌤 인간이 아무리 좋은 것을 소유해도 얼마 지나지 않아 그것에 적응하여 만족감을 얻지 못하는 적응 능력을 '내적 원인'이라고 한다면, '외적 원인'도 찾아볼 수 있습니다. 그것은 바로 주위 사람들과 비교하고 경쟁하는 성향입니다.

우스갯소리 중에 "부자란 어떤 의미인가요?"라는 질문에 "내가 아는 누군가보다 돈을 100만 원이라도 더 많이 버는 것."이라고 대답했다는 것이 있습니다.

어쩌면 이 말은 사실일지도 모릅니다. 1억 원을 가졌거나 100억 원을 가졌거나 하는 수치는 굳이 중요한 것이 아닙니다. 주변에 어떤 사람들이 있는가가 더 중요합니다.

어떤 사람이 만약 인도 콜카타의 노숙자 그룹에 속해 있다면 100만 원만으로도 어마어마한 부를 가진 것 같은 만족을 느낄 겁니다. 하지만 미국 로스앤젤레스 비버리힐스에 살고 있다면 10억 원을 가지고도 비참하다고 느낄 수 있습니다.

이처럼 인간은 외적으로 주위의 사람들과 늘 비교하고 경쟁하기 때문에 더 많이 가지려고 노력합니다.

미국의 사업가 도널드 트럼프는 사업가 말콤 포브스와 비교 경쟁에서 이기기 위해 94m짜리 요트를 샀습니다. 말콤 포브스의 요트 길이는 45m였습니다. 이런 식의 비교 경쟁을 위해 명품 등 사치품에 소비되는 액수는 어마어마하다고 합니다.

여러분도 그런 경쟁을 하고 있나요? 누가 더 좋은 스마트폰을 갖고 있는지, 누가 더 좋은 신발을 신고 있는지 비교 경쟁하고 있지는 않나요? 세계적인 명품 브랜드들이 한국 시장에서는 불황을 타지 않는다고 하더군요. 그 이유는 한국인들이 특히 명품에 집착하는 경향이 있기 때문이라고 합니다.

이런 비교 경쟁 심리 때문에 동메달 수상자가 은메달 수상자보다 더 행복하다 느낀다고 하지요. 왜 그럴까요? 동메달 수상자는 아예 메달을 따지 못한 많은 사람들과 비교합니다. 그래서 운 좋게 메달을 딸 수 있었다고 생각해 크게 만족하지요. 하지만 은메달 수상자는 금메달을 딴 선수와 비교하기 때문에 상대적으로 만족감이 덜하다는 겁니다.

욕심을 근원적으로 줄이고 싶다면, 감사하는 마음을 가지세요

희큐쌤　인간의 놀라운 적응 능력 그리고 끊임없는 비교 경쟁 심리. 이 두 가지 요인에 의하여 인간은 결코 만족하거나 행복할 수 없다고 합니다. 얼마나 비극적인 일인가요? 그동안 우리나라 경제는 크게 성장했어요. 30년 전과 비교하면 먹고사는 걱정을 하는 사람이 많이 줄었지요. 그렇지만 많은 사람들이 돈이 부족하다고 아우성칩 욕심의 질주를 막아 주는 'stop 사인'이 바로 감사의 덕목입니다.

감사는 내가 가지고 있지 않은 것을 얻기 위해 노력하는 것이 아니라,

이미 가지고 있는 것에 대해 고마움을 표현하는 것입니다.

니다. 어마어마한 부자도 늘 돈 걱정을 하고, 조금이라도 돈을 더 벌 수 있는 곳이 있다면 당장이라도 달려갈 태세입니다. 적당한 욕심은 어느 정도 인생의 활력을 가져다줍니다만, 지나치면 심각한 문제를 초래하게 됩니다.

욕심을 위해 끊임없이 달리다 보면 인간의 도리를 어기게 되는 결과를 낳을 수도 있습니다. 더 나은 집과 자동차를 갖고자 하는 욕구 충족의 마음이 결국 정도를 벗어나 누군가에게 피해를 주고 법을 어겨 가면서까지 잘못된 질주를 할 수도 있는 것입니다. 이뿐만이 아니라 욕심을 위해 모든 시간과 에너지를 쏟아서 우리 인생에서 정작 중요한 사랑과 인간관계를 소홀히 하게 될 수도 있습니다. 사랑과 우정 등 인생의 보석을 잃게 되는 것입니다.

이러한 욕심의 질주를 막아 주는 'stop 사인'이 바로 감사의 덕목입니다. 감사는 내가 가지고 있지 않은 것을 얻기 위해 노력하는 것이 아니라, 이미 가지고 있는 것에 대해 고마움을 표현하는 것입니다. 철학자 키케로는 인간이 가져야 할 덕목 중에서 가장 최고의 덕목이 바로 감사라고 했고, 칸트는 감사하지 않는 것이야말로 악의 본질이라고 했습니다. 감사할 줄 모르고 끊임없이 더 많은 것 더 좋은 것을 추구하게 되면 인간은 죄와 악에 빠지게 된다는 것이지요. 그래서 매일 감사를 습관화하는 것이 중요합니다. 오프라 윈프리 (Oprah Winfrey)는 감사할 다섯 가지를 매일 일기에 적는 '감사 일기 쓰기 습관'을 가지고 있습니다. 감사하는 마음은 그냥 생기는 것은 아닙니다. 이것은 의지의 습관입니다. 감사하는 사람은 늘 감사를 하지만 불평하는 사람은 늘 불평을 합니다. 오프라 윈프리는 1996년 10월 12일의 감사 일기에 이런 내용을 썼습니다.

① 시원한 바람을 맞으며 해안을 달린 것

② 햇살 아래 벤치에 앉아 멜론을 먹은 것

③ 단짝 친구 게일과 신나게 수다를 떤 것

④ 달콤하고 시원한 셔벗을 먹은 것

⑤ 시인 친구가 새로 쓴 시를 전화로 들려준 것

위의 감사 중에서 큰돈이 필요한 항목이 있나요? 해안을 달리고 친구와 수다를 떨고 시를 듣는 일에는 돈이 거의 들지 않습니다. 멜론을 먹고 셔벗을 먹는 데에도 큰돈이 필요치 않지요. 중요한 점은 감사할 조건들이 우리의 소유물이 아닌 활동에 있다는 겁니다. 소유보다는 활동과 경험이 더 중요하다는 것이지요.

오프라 윈프리는 이렇게 말합니다. "만일 당신 앞에 나타나는 모든 것을 감사히 여긴다면, 당신의 세계는 완전히 변할 것이다. 당신이 가지지 못한 것 대신 이미 가지고 있는 것들에 초점을 맞춘다면, 자신을 위해 더 좋은 에너지를 만들고 내뿜을 수 있다."

저는 여러분에게 감사하는 마음을 배우기 위해 여행을 하라고 권하고 싶습니다. 특히 경제적으로 어려운 나라를 방문해 관광지가 아닌 그들이 실제 살아가는 모습을 볼 것을 권합니다. 예전에 태국의 한 어촌 마을에 며칠 머문 적이 있었습니다. 그 마을 각 가정의 월 지출액은 평균 10만 원 정도였습니다. 한 가정이 10만 원으로 별 문 제없이 행복하게 살아가고 있다는 것입니다.

헨리 데이비드 소로우는 그의 저서 『월든(Walden)』에서 인생에 필 요한 필수품을 얻고 난 이후에는 더 많은 것을 소유하고자 달리는 것이 아니라, 열정과 에너지를 보다 높은 차원의 탐구와 모험을 떠 나는 데 사용할 것을 권합니다.

"대부분의 사치품들과 편의용품들 가운데 많은 것들은 반드시 필 요한 물건이 아니며 인간의 능력 향상에도 적극적인 방해가 된다. 사 치품과 편의용품에 대한 이야기가 나왔으니 말인데, 가장 현명한 사 람들은 언제나 가난한 사람들보다도 더 간소하고 결핍된 생활을 해 왔다. 중국, 인도, 페르시아, 그리고 그리스의 옛 철학자들은 외관상 으로는 그 누구보다도 가난했으나 내적으로는 그 누구보다도 부유한 사람들이었다. '자발적인 빈곤'이라는 이름의 유리한 고지에 오르지 않고서는 인간 생활의 공정하고도 현명한 관찰자는 될 수 없다."

감사하는 마음은 미친 듯이 달리는 소유에 대한 집착과 탐욕에서 벗어나게 하는 근원적인 치료제입니다. 요즈음 현대인들은 감사의 마음을 잃어버렸고 그래서 돈에 대한 욕심이 지나쳐 결국 돈의 노예 가 되어 가고 있습니다. 돈을 더 벌기 위해서 건강도 가족도 사랑도 포기하게 되는 것입니다. 그뿐만 아니라 돈을 위해서 자신의 명예

마저 포기하기도 합니다. 요즘 시대에 가장 결여된 덕목이 바로 감사의 덕목이라는 것이지요. 이번 시간에는 만족할 줄 모르는 그래서 행복할 수 없는 인간을 분석해 보았습니다. 그리고 욕심에서 근원적으로 벗어날 수 있는 힘은 감사와 자발적인 소박한 삶에 있다고 했습니다. 더 나누고 싶은 이야기가 있나요?

소윤 욕구가 다 나쁜 것은 아니지요? 욕구와 욕심은 어떻게 다른가요?

희큐쌤 좋은 질문이군요. 우리는 많은 욕구를 가지고 있습니다. 본능에 따라 배가 고프면 먹고 싶은 욕구가 생기고, 목이 마르면 물을 마시고 싶은 욕구가 생깁니다. 이러한 것은 자연적인 욕구입니다. 이런 욕구가 없다면 인간은 죽고 말 것입니다. 우리는 이러한 욕구에 대해서는 욕심이란 말을 사용하지 않습니다. 그런데 인간은 필요를 충족한다고 해서 만족하지 않습니다. 인간은 필요한 것을 넘어 반드시 필요하지 않은 것들에 대한 욕구도 가지고 있습니다. 이것을 욕심이라고 할 수 있습니다.

경진 인간의 두뇌가 뛰어나기 때문에 모든 것에 빨리 적응하고, 그래서 인간은 이미 가진 것에 더 이상 만족을 느끼지 못한다고 하셨잖아요. 그럼 두뇌가 뛰어나게 발달했기 때문에 불행할 수밖에 없다는 결론이 나오는 건가요?

희큐쌤 경진이의 말은 반 정도 일리가 있는 것 같습니다. 인간의 두뇌는 모든 것에 빨리 적응하기 때문에 금세 만족하지 못하게 됩니다. 하지만 인간의 두뇌는 우리가 가진 많은 것들에 대해 감사하고 경이를 느낄 수 있는 능력으로도 발휘될 수 있습니다. 쉽지는 않겠지만 이미 가진 것들에 감사하기로 결심한다면, 많은 것들에 대해 감사할 수 있다는 이야기지요.

수연 인간은 늘 타인과 비교하고 경쟁하기 때문에 만족할 수 없고 좀 더 나은 집과 차를 사고 싶어 한다고 하셨잖아요. 비교와 경쟁은 피할 수 없는 인간의 본능일까요?

희큐쌤 글쎄…… 비교와 경쟁이 어느 정도는 인간의 유전자에 들어 있는지도 모르겠습니다. 선의의 경쟁이라는 것도 있으니 말입니다. 어느 정도의 경쟁은 삶에 활력을 주고 삶의 질을 올리는 데 도움을 줍니다. 하지만 현대인들의 돈에 대한 과도한 집착이나 경쟁은 그런 선의의 경쟁의 수준을 훨씬 넘어 삶을 황폐하게 만들고 파괴하고 있는 수준에 이르렀다고 봅니다.

동희 그게 무슨 말인가요? 돈에 대한 과도한 집착이 우리의 삶을 황폐하게 만든다고요?

희큐쌤   그렇습니다. 돈 버는 데 너무 집착한 나머지 자신의 건강을
돌보지 않거나 가족이나 친구와의 관계도 소홀히 하다가 결국 가족
과 친구로부터 외면당하게 되는 겁니다. 제2차 세계 대전 이후 일본
을 재건한 소위 재건 세대들은 사회에 크게 기여하고 재산도 많이
모았습니다. 하지만 은퇴 뒤에 가족들로부터 외면당하고 친구도 없
이 홀로 쓸쓸히 늙어 죽어 간다고 합니다. 이런 게 바로 삶이 황폐화
되고 파괴된 모습이지요. 감사할 줄 모르는 돈에 대한 끝없는 욕심
은 오늘날의 행복을 가로막는 가장 큰 원인입니다. 탐욕은 인간을
결국 불행으로 끌고 가는 법이니까 말입니다.

인생은 고통의 연속이고
고통을 피할 수는 없어요

고통이 크면 클수록
그것을 극복해 낸 영광도 크다.
에픽테토스

희큐쌤 '인생은 고해(苦海)다.'라는 말이 있습니다. 고해란 '고통의 바다'라는 뜻입니다. 인생은 크고 작은 고통들의 연속이라는 의미지요. 아직 10대인 여러분에게도 어린 시절부터 십수 년 동안 꽤나 많은 고통들이 있었을 거라고 짐작합니다. 물론 개인차는 크겠지만요. 고통은 성장의 거름이 되기도 하지만, 인간을 슬픔에 빠지게 하고 자신의 삶을 한탄해 포기하게 하기도 합니다. 고통을 감당할 자신감이 없는 경우 어찌할 줄 모르는 심정이 되어 술이나 약물 같은 세계로 도피하기도 합니다. 그래서 고통에 직면할 수 있는 성숙한 태도 없이는 결코 행복할 수 없습니다.

『행복의 조건(Aging Well)』의 저자이자 저명한 심리학자인 조지 베

일런트(George Vaillant)는 행복의 일곱 가지 조건을 제시하면서 그중에서 가장 중요한 조건이 고통에 대응하는 성숙한 태도라고 말하고 있습니다. 무엇보다도 이 조건 없이는 행복에 이를 수 없다는 것이지요. 왜냐하면 인생을 살아가는 한 고통을 피할 수 없기 때문입니다. 고통에 직면할 때마다 아우성치고 원망하고 회피하고 술과 약물로 도피한다면 그 인생은 불행할 수밖에 없다는 것이지요.

인생에서 고통의 종류는 셀 수 없을 만큼 많을 것입니다. 신체적 고통이 있는가 하면 정신적 고통도 있습니다. 신체적 고통의 예를 들자면 세상에 존재하는 질병의 수만큼이나 고통의 수가 많습니다. 비염, 피부병, 위장병 등. 저도 평생 위장병으로 인해 수없이 고통을 겪었고, 30대 때의 사고로 인한 허리통증도 종종 겪습니다. 제때 조치를 하지 않으면 심한 고통에 빠지지요. 사람은 저마다 서로 다른 신체적 고통을 갖고 있습니다.

정신적 고통의 종류도 많습니다. 사랑하는 사람과의 이별, 이혼, 갈등과 싸움에서 오는 고통 등 대체로 인간관계에서 오는 고통이 가장 많을 테지요. 그 외에 경제적 어려움이나 공부나 일 등으로 인한 스트레스 등도 있습니다.

고통은 우리가 원하는 삶을 선택하는 것을 가로막는 장애 요소입니다. 인간은 선택의 순간 고통에 직면하면 본능적으로 고통을 피하려 합니다. 그래서 선택을 포기하게 됩니다. 저의 어린 시절을 예로 들겠습니다. 초등학교 5학년 때의 일입니다. 약 3개월 정도 피아노를 배웠습니다. 추운 겨울에 접어 들자 저녁 시간에 피아노 선생님 집에 걸어가는 것이 여간 힘든 게 아니었습니다. 그래서 결국 피아노 배우는 것을 포기하고 말았습니다. 저는 성장한 이후로 그때 피아노를 1년 정도라도 배웠더라면 얼마나 좋았을까 하고 후회했습니다. 그때 당시 저는 추위라는 고통에 직면해 피아노 배우는 일을 포기했고, 그 뒤로도 배울 기회를 얻지 못해 결국 멋지게 피아노를 연주하는 즐거움을 누릴 기회를 잃었습니다. 그래서 지금 50세가 훨씬 넘은 나이가 되어서도 피아노를 배울 것을 진지하게 고려하고 있습니다. 인생에서 원하는 것을 얻기 위해서는 그 대가를 치러야 하는데, 그 대가의 대부분은 고통을 수반하기 마련입니다.

행복의 조건에는 어떤 것들이 있나요?

희큐쌤 『행복의 조건』이라는 책에 대해 소개할게요. 이 책은 10대가 읽기엔 어려운 책입니다. 하지만 언젠가 한번 꼭 읽어 보면 좋을 중요한 책입니다. 이 책은 70여 년 동안 하버드 대학생 그룹, 천재 여성 그룹, 그리고 도시 빈민자 그룹의 행복을 관찰한 내용을 담고 있습니다. 이 가운데 제 관심을 끈 두 사람이 있는데, 빌로먼과 앤서니 피렐리가 그 주인공입니다. 빌로먼은 하버드 대학생 그룹이었고, 앤서니 피렐리는 도시 빈민자 그룹이었습니다. 왜 제가 그 두 사람의 인생에 관심을 가지게 되었을까요?

우선 빌로먼의 이야기부터 하겠습니다. 빌로먼은 그야말로 행복한 삶의 모든 조건을 갖춘 사람이라고 할 수 있습니다. 하버드 법학대학원에 들어갈 정도의 지적 능력을 갖추고 있었고, 그중에서도 성적이 뛰어났습니다. 집안의 재력도 대단했습니다. 버지니아에 더없이 넓은 정원을 가진 어마어마한 대저택에서 자랐고, 뉴욕에 방이 20개나 되는 저택도 소유하고 있었으며, 하인이 16명이나 되었고 자동차도 8대나 있었습니다. 돈이 부족해 본 적이 없을 정도로 부유했지요. 뿐만 아니라 뛰어난 신체 조건도 갖추고 있었습니다. 고등학교 시절 축구팀 주장을 맡을 정도로 체력이 좋았습니다. 성격도 좋았던 것 같습니다. 하버드 재학 시절에는 가장 인기 많은 동아리에서 활동했고, 소박하고 침착하고 매력적이고 성숙한 청년이라는 평가를 받았다고 합니다. 25세이던 그를 본 연구원들은 얼마든지 더 발전할 가능성이 있는 미래의 지도자 감으로 내다보았습니다. 친구들과 교수도 입을 모아 빌로먼이 미국의 대통령이나 세계의 지도자가 될 것이라고 칭찬했습니다. 그런데 그런 그에게 어떤 인생이 펼쳐졌을까요?

그는 많은 행복의 조건을 갖추었음에도 불구하고 고통에 대해서는 무방비 상태였던 것 같습니다. 겉보기에는 책임감이 강하고 모범적인 친구였지만 안으로는 고통으로부터 오는 스트레스를 어찌할 줄 몰라 주말이면 술을 마셔 댔습니다. 술은 인생의 고통에서 도

피하고자 하는 전형적인 방식이지요. 빌로먼의 대학 시절부터 시작된 폭음은 지속되었고, 마침내 뇌손상을 입어 모든 인간관계가 단절되고 말았습니다. 그래서 50세 이후에는 아무런 사회적 기여와 배움 없이 쓸쓸하고 불행한 인생을 보냈지요.

앤서니 피렐리는 빌로먼과는 대조적으로 상상할 수 있는 불행한 삶의 모든 조건을 갖춘 사람이었습니다. 부모들은 이민자로 영어를 할 줄 몰랐고, 부부 사이는 나빴으며, 너무나 가난했습니다. 그의 아버지는 노동자였지만 경제적으로 무능했고, 8명의 자녀 중 가장 어린 두 아이를 제외하고는 늘 가혹한 매질을 해 댔습니다. 어머니는 그런 상황을 견디다 못해 조울증에 걸렸습니다. 앤서니 피렐리가 13세가 되었을 때 부모는 결국 이혼을 했고, 자녀들은 아버지와 살게 됩니다.

앤서니 피렐리가 13세 때 그를 방문했던 연구원들은 정말 찢어지게 가난한 상태라고 묘사했습니다. 그는 긴장되고 두려움에 질려 움츠러든 상태이며, 소극적이며 혼자서 할 수 있는 우표 수집이나 모형 조립 같은 조용한 취미를 가지고 있었다고 기록했습니다. 하지만 연구원의 한 사람인 정신과 의사는 소년이 '비참한 환경 속에서도 총명함과 인성으로 어떻게 역경을 이겨 내는지 완벽하게 보여 주고 있다.'고 기록했습니다. 중요한 것은 고통이 아니라 고통에 대응하는 태도라는 것입니다. 그 소년은 극심한 고통 속에서도 건강한 인생관을 가지고 인내하고 미래에 대한 희망을 버리지 않았던 것입니다.

그 뒤 앤서니 피렐리는 기술 고등학교를 졸업하고 공군에 입대하였습니다. 제대한 뒤에는 기술자로 일했으며 야간 대학에서 회계학을 공부해 30세에 공인 회계사가 되었습니다. 그리고 40대에는 성공한 사업가가 되었습니다. 사업에 대한 열정과 가족에 대한 헌신을 가진 그는 60대에 은퇴하여 자신이 가진 모든 사업 지분을 동료들에게 주었고, 남은 생애를 아내와 함께 조용하게 보내기로 했습니다. 그를 만난 연구원들은 그가 늘 감사할 줄 아는 사람이었다고 전했습니다. 그리고 가족들을 무척 아끼고 사랑했다고 기록했습니다.

앤서니 피렐리는 불행의 모든 조건을 갖추고 있었음에도 불구하고 건강한 인생관과 인내를 통해 건강하게 자라났습니다. 역경 속에서도 꾸준하게 성장하고 배우며 자신의 길을 개척해 나갔습니다. 이것은 그가 역경과 고통에 대응하는 성숙한 태도를 가졌다는 것을 말해 줍니다. 고통에 대응하는 인간의 태도가 모든 것을 결정한다는 것이지요.

저는 빌로먼과 앤서니 피렐리 이 두 사람의 대조적인 환경과 삶의 이야기를 읽으면서 제 인생에 대해 깊이 생각해 보게 되었습니다. 그리고 고통에 관해서 중요한 깨달음을 얻을 수 있었습니다. '행복은 고통이 없음을 의미하지 않는다. 행복은 고통에 대한 우리의 태도에 달려 있다.'는 것을 말입니다. 이러한 깨달음은 제 인생과 교육에 중요한 터닝 포인트가 되었습니다.

행복은 고통이 없음을 의미하는 것이 아닙니다.

행복은 고통에 대한 우리의 태도에 달려 있습니다.

고통과 만났을 땐 평정이 필요해요

희큐쌤 고통이 찾아올 때마다 호들갑을 떨면 안 됩니다. 저의 군대 시절 이야기를 들려줄게요. 훈련소에서는 저녁 9시면 점호가 있고, 점호 때 하사들이 병사들의 양말, 내의, 군화, 소총 등 소지품 검사를 했습니다. 이때 소지품 중 하나라도 없는 것이 발견되면, 복도로 끌려 내려와 엉덩이에 불이 날 정도로 매를 맞았습니다. 그래서 점호 시간 직전이 되면 병사들은 겁에 질리곤 했지요. 그러다 보니 자신의 옷이나 양말 등이 정상적으로 있는데도 한두 개가 없어진 줄 착각하여 옆 병사의 것을 집어다 놓곤 했습니다. 제 옆의 병사 또한 겁에 질려 종종 제 양말이나 내의를 자기 자리에 갖다 놓았지요. 그래서 저는 점호 시간에 자주 매를 맞곤 했습니다. 그러면서도 제 소지품을 가져가는 병사에게 불만을 제기하지 않았지요. 어느 날은 그 병사가 제게 물었습니다.

"양 일병 넌 맞는 게 두렵지 않아? 어떻게 그렇게 태연할 수 있냐?"

"혈액 순환에 도움이 되겠구나 생각하면 별로 아프지 않아."

훈련소 생활을 마치고 계속 근무하게 될 부대에 배치되었는데, 제 소지품을 가져가던 병사가 고맙다는 내용의 편지를 보내 왔습니다. 늘 겁에 질려 있었는데 제 덕분에 용기를 갖게 되었다는 내용이었습니다.

그 당시 저는 철학을 공부하면서 '평정'이란 덕목을 중요하게 여기고 실천하려고 노력하는 중이었습니다. 노예 출신 철학자 에픽테토스(Epictetus, 55? – 135?)는 늘 제 마음에 남아 있는 분입니다. 그는 노예였기 때문에 자신의 운명을 마음대로 할 수 없었지만, 늘 마음의 평화와 평정을 유지하고 살았습니다. 비록 몸은 자유롭지 못했지만, 세상 누구도 자신의 마음을 통제할 수 없다고 확신하였고 그런 의미에서 그는 자유인이었습니다. 어느 날 그의 주인이 그를 괴롭히기 위해 팔을 심하게 비틀었다고 합니다. 에픽테토스는 "주인님, 그렇게 심하게 팔을 비트시면 팔이 부러집니다."라고 말했습니다. 그러자 고약한 주인은 심통이 나서 더 심하게 팔을 비틀었고, 결국 팔이 부러졌습니다. 에픽테토스는 "보십시오. 팔이 부러졌지 않습니까? 주인님은 자신의 재산에 손해를 입히신 겁니다."라고 말했습니다.

에픽테토스 같은 경지에 이른다면 고통은 인간의 삶에 아무런 영향을 미치지 못할 것입니다. 우리는 고통에 대한 이러한 고도의 평정 상태를 '영성'이라고 부릅니다. 인생사의 고통에 대해서 전혀 영향을 받지 않는 고도의 정신적 상태를 뜻하지요. 영성이란 인생의 고통에 대응하는 가장 높은 수준의 성숙된 자세를 의미합니다. 종교가 추구하는 것이 바로 이러한 것이지요.

우리는 평정을 통해서 정신적 근육을 기를 수 있다고 봅니다. 조그만 고통이 올 때마다 호들갑을 떨고 아우성을 지른다면 인생에서 할 수 있는 일은 얼마 없을 겁니다. 인생의 중요한 성취들은 모두 고통과 인내를 요구하는 것이니까요. 쉬운 예로 수영을 잘하기 위해서 수 개월간 지루한 호흡 연습을 해야 하는 것처럼 말이에요.

엄청난 고통을 만나게 되어도 평정이 가능할까요? 성현들은 가능하겠지만 우리 같은 평범한 사람들은 어림도 없습니다. 그럼 어떻게 해야 할까요? 오프라 윈프리는 이렇게 말하고 있습니다.

"인생의 휘바람에 주의를 기울이지 않으면 어려움이 닥친다. 왜냐하면 인생은 항상 먼저 당신에게 신호를 주니까. 만일 당신이 그 휘바람을 무시하게 되면, 조만간 고통에 비명을 지르게 될 것이다. 고통을 받아들이지 않으려 한다면 결코 그 고통은 사라지지 않을 것이다. 대신 물어야 할 것이다. 이 고통이 여기에 있는 것은 나에게 무슨 가르침을 주려는 것일까?"

오늘은 고통에 관해서 배웠습니다. 인간은 고통 없이 배우지 못합니다. 행복은 고통이 없는 것이 아니라 고통을 받아들이고 고통을 통해 인생의 가치를 배우는 데 있다는 것이지요. 여러분, 고통을 피하지 말고 배움의 기회로 삼기 바랍니다.

지은 고통 중에는 아무 의미가 없는 고통도 있잖아요? 예를 들어 넘어져서 다친다거나 하는 고통 같은 거 말이에요.

희큐쌤 넘어져서 다치는 고통에도 의미가 있습니다. 매사 조심해야 한다는 것을 배울 수 있잖아요. 길을 묻지 않다가 길을 잃어 헤매게 되어 고통을 받았다면, 길을 묻는 것이 중요하다는 걸 깨닫게 될 테고 그것 또한 의미 있는 일이지요. 그래서 이렇게 생각하면 대부분의 고통에는 의미가 담겨 있다고 볼 수 있습니다.

은희 ▶ 우리는 보통 즐거움이 많은 삶을 좋은 인생이라고 하고 고통이 많은 삶을 좋지 못한 삶이라고 생각하잖아요. 그런데 오늘 강의에서는 행복이 즐거움이나 고통의 양에 있는 것이 아니라 그것에 대한 우리의 태도에 달려 있다고 하셨어요. 그 이유를 설명해 주시겠어요?

희큐쌤 ▶ 아주 중요하고 어려운 질문입니다. 즐거움이나 고통은 우리가 원하는 대로 생기지는 않습니다. 특히 고통이 그렇습니다. 큰 병에 걸리거나 사랑하는 사람이 죽는 등 예상치 못한 고통이 일어날 수 있습니다. 다시 말해서 우리가 인생의 고통을 마음대로 조정하거나 통제할 수 없다는 것이지요.

그래서 만일 행복이 고통이 매우 작거나 없음을 의미한다면, 우리는 고통을 통제할 수 없기 때문에 결코 행복을 통제할 수 없게 됩니다. 우리의 노력이나 의지로 행복에 이를 수 없다는 것입니다. 즉 행복을 위한 우리의 노력이나 의지는 별 의미가 없다는 겁니다. 그래서 철학자나 성현들은 우리의 행복이 그런 우연이나 행운에 의존하는 것은 타당하지 않다고 본 것입니다. 제 생각도 마찬가지입니다. 행복은 분명 우리의 노력과 의지에 달려 있습니다. 아무리 큰 고통이 오더라도 그것을 받아들이는 마음과 태도에 따라 행복할 수도 있고 불행할 수도 있다는 것이지요. 작은 고통이라 하더라도 계속 불평하고 왜 이런 일이 일어났는지 한탄하면 큰 불행에 빠지게 될 거예요. 반대로 큰 고통이 일어났더라도 평정을 잃지 않고 그 고통을 성숙의 기회로 삼는다면 오히려 더 큰 행복에 이를 수 있을 것입니다.

필숙 선생님도 큰 고통을 당하신 적이 있나요? 그때 어떻게 이겨 내셨나요?

희큐쌤 저는 10대 후반과 40대 초반에 큰 육체적 고통에 시달렸습니다. 하지만 육체적 고통보다는 정신적 고통이 더 이겨 내기 힘들었던 것 같습니다. 지난 몇 년이 바로 그런 정신적 고통의 시기였습니다. 나름대로 원칙에 따라 일했지만 비난과 비판이 이어졌고, 저는 그것을 이해하지 못해 고통에 몸부림치고 원망하고 자포자기 상태가 되었습니다. 그러던 어느 날 그 고통이야말로 '내가 크게 바뀌어야 한다는 신호'라는 것을 깨닫게 되었습니다. 모든 고통이 나로부터 시작되었다는 것을 알게 되었고, 나 자신을 바꾸기 시작했습니다. 고통의 참된 원인을 알 수 있는 배움의 기회가 된 것이지요. 그러자 마음의 평화가 왔습니다. 고통을 내가 무엇을 배워야 하는지 어떤 점을 변화시켜야 하는지 알려 주는 신호라고 받아들인 것입니다. 저는 고통을 통해서 제 인생의 많은 잡동사니들을 제거하고 단순화시켰으며 죽음에 대한 준비를 조금씩이나마 할 수 있었습니다. 그리고 무엇보다도 인생에서 진정 중요한 것이 무엇인지 깨닫게 되었습니다. 가족, 우정, 사랑, 그리고 자연과 바다 등을 재발견할 수 있었던 것이지요.

part 3

사랑은 인간이 가진
최고의 능력이에요

♡

인간은 누구나 사랑하고 사랑받지 않으면 행복할 수 없습니다. 사랑이야말로 인간의 가장 중요한 존재 목적입니다. 그런데 많은 사람들이 사랑은 운명적으로 주어지는 것으로 믿고 있습니다. 그러나 사랑이란 인간이 가진 최고의 '능력'이며 오랜 세월동안 적절한 교육과 노력과 습관에 의해서만 습득될 수 있습니다.

강의 6
웃으면
행복이 찾아와요

행복하기 때문에 웃는 것이 아니라,
웃기 때문에 행복해진다.
윌리엄 제임스

희큐쌤 ● 이번에는 누구나 가지고 있는 기능의 하나인 감정, 희로애락의 정서에 관해서 배우도록 하겠습니다. 행복한 사람은 행복한 느낌과 정서를 가지고 있는 사람입니다. 여러분 중에서 스스로 행복한 정서를 가지고 있다고 생각하는 사람, 손을 들어 보세요. 생각보다 많지가 않군요. 그럼 이번에는 스스로 어둡고 불행한 정서를 가지고 있다고 생각하는 사람 손을 들어 보세요. 생각보다 많은 친구들이 손을 들었어요.

정서가 어둡고 우울하고 분노에 찬 사람은 행복하지 않습니다. 인간의 정서는 갓난아이 때 형성되기 시작해서, 어린 시절에 거의 완성됩니다. 그래서 성인이 되고 나면 정서를 바꾸기가 쉽지 않습니다. 어린 시절 형성되는 정서는 주로 인간관계에 의해 영향을 받습니다. 특히 부모와 가족, 친구들이 주된 영향을 미치지요.

하지만 우리의 정서 세계는 평생을 두고 어느 정도 변할 수 있어요. 그래서 보다 긍정적인 정서를 갖기 위한 노력을 해야 하지요. 좋은 정서, 정서의 탁월성에 도달하기 위한 첫 번째 원칙으로 '웃음'을 소개합니다. 좋은 정서는 좋은 인간관계에서 주로 영향을 받아요. 그다음으로는 관용, 이해, 그리고 믿음(무조건적인 사랑)을 소개하겠습니다.

웃는 얼굴이 운명을 바꾼대요

`희큐쌤` 간디학교를 다녔던 여학생 A의 이야기입니다. 간디학교 중등 과정에 이어 고등 과정에 다니던 A는 늘 찡그린 얼굴을 하고 있었습니다. A를 지켜본 4년간 한 번도 웃는 것을 본 적이 없습니다. 하루는 지나가다가 A와 마주쳤습니다. 그동안 벼르고 있었는데, 점심시간에 교정에서 정면으로 만나게 된 겁니다. 목례를 하며 지나가려는 A를 불러 세웠습니다.

"그동안 벼르고 있었는데, 오늘은 너에게 이야기해야 할 것 같다."

"네? 무슨 말씀을 하시려는 거예요?"

"너 말이야. 그런 찡그린 얼굴로 계속 다닐 거니?"

"네? 제 얼굴이 어떤 대요? 그렇게 보기 싫은 얼굴인가요?"

"솔직하게 말하겠는데, 그렇게 찡그린 얼굴로 계속 다니게 되면 네 인생은 엉망진창이 될 거다. 한마디로 별 볼일 없는 인생이 될 수도 있다는 게지. 좀 웃으면서 다녀라."

그 일이 있은 지 한참이 지났습니다. 교정에서 A를 우연히 만났습니다. 그런데 놀랍게도 A가 방글방글 웃으면서 다가오는 것이 아니겠습니까? 깜짝 놀라서 말했습니다.

"너 인생을 바꾸기로 했구나?"

"네. 저 인생을 바꾸기로 결심했어요."

A의 모습은 정말 다르게 보였습니다. 그날 충격을 받은 이후 A는 많은 생각을 했을 것이고 그것을 계기로 인생을 바꾸기로 한 것 같습니다. A는 간디학교를 졸업한 뒤 외국으로 유학을 떠나 지금도 열심히 살아가고 있습니다.

저는 살아오면서 웃음이 엄청난 마법을 가지고 있음을 늘 깨닫고 있습니다. 웃음은 인간의 정서를 긍정적으로 바꾸는 강력한 힘을 가지고 있습니다. 아무리 힘들어도 싱긋 웃으면 부정적인 에너지가 긍정적으로 바뀌고, 미움이 관대함으로 바뀌고, 무관심이 친절함으로 바뀝니다. 웃음은 정말 놀라운 힘을 가지고 있습니다. 늘 웃는 사람은 엄청난 긍정 에너지를 받으며 살고 있다는 것입니다. 저는 웃음이야말로 신이 인간에게 인생의 고통과 역경을 이겨 낼 수 있도록 선사한 놀라운 선물이라고 믿습니다. 순수한 웃음을 만나면 얼어붙은 마음이 눈 녹듯이 풀리고 어린아이처럼 맑아집니다. 웃음은 세상을 밝히는 빛입니다.

하지만 웃음이 쉬운 것은 아닙니다. 천성적으로 잘 웃는 사람도 있겠지만, 사람은 나이가 들수록 잘 웃지 않게 됩니다. 세월이 지날수록 책임과 고통이 늘어나기 때문일 겁니다. 연세 지긋한 분들 중에 늘 웃음을 머금고 있는 분들은 많지 않습니다. 그런데 요즘은 청소년들도 잘 웃지 않는 것 같습니다. 과거에 경제적으로 더 어려운 시절에도 청소년들은 잘 웃었는데 말입니다. 이렇게 된 데에는 여러 가지 이유가 있겠지만 주된 원인은 학교 교육과 가정 환경일 것입니다. 공부 때문에 많은 스트레스를 받고, 가정에서도 웃을 일이 별로 없어 우울하다는 것이지요. 그렇다면 어떻게 해야 할까요? 늘 얼굴을 찡그리고 한숨만 쉬어야 할까요?

저는 한가할 때 코미디 영화를 곧잘 봅니다. 코미디 영화가 좀 싱겁고 가벼워 보여도, 영화 속 웃음 뒤에는 인생의 깊은 지혜가 숨어 있는 것 같습니다. 그래서 웃고 싶을 때 보기에 딱 좋지요. 웃고는 싶은데 웃을 일이 없다 생각될 때 코미디 영화를 보라고 권하고 싶습니다.

미국의 심리학자이자 철학자인 윌리엄 제임스(William james, 1842~1910)는 "행복하기 때문에 웃는 것이 아니라, 웃기 때문에 행복해진다."고 말했습니다.

저도 종종 학생들에게 이렇게 말하곤 합니다. "웃으면 네 얼굴이 변하고, 네 얼굴이 변하면 네 운명도 바뀐단다. 그러니 많이 웃어라."

잘생긴 얼굴도 웃지 않으면 고약한 인상이 되고, 못생긴 얼굴이라도 늘 웃으면 호감 가는 인상이 되는 법입니다. 그래서 웃는 얼굴이 복 있는 얼굴이고, 웃는 인상을 가진 사람이 더 잘살고 많은 사랑을 받게 되는 것입니다.

웃음이 질병을 치료했다고요?

희큐쌤　웃음과 관련된 실화를 하나 소개하겠습니다. 미국의 언론인이자 평화 운동가였던 노먼 커즌스(Norman Cousins)라는 사람의 이야기입니다. 1964년 52세의 노먼 커즌스는 해외 취재 여행을 마치고 집에 돌아왔습니다. 피곤했기 때문인지 그는 몸살 기운을 느꼈습니다. 그런데 일주일 뒤 목, 팔, 손, 다리를 움직일 수 없는 상태가 되어 버렸습니다. 여러 의사들은 이 증상이 중증 콜라겐 질환(관절염과 류머티즘 질환도 이 질환의 일종)이라고 진단했습니다. 이 병은 현실적으로 치료가 불가능하다는 것이 의사들의 솔직한 의견이었습니다. 여러분이 이런 상황에 처한다면 어떻게 하겠습니까? 손가락 하나 제대로 움직일 수 없고, 어마어마한 통증에 시달리며, 치료 가능성이 거의 없는 병을 갖게 된다면요. 어떤 사람은 차라리 생을 마감하고 싶다고 말할 것이고, 어떤 사람은 종교에 기대어 신에게 기적

잘생긴 얼굴도 웃지 않으면 고약한 인상이 되고,

못생긴 얼굴이라도 늘 웃으면 호감 가는 인상이 되는 법입니다.

그래서 웃는 얼굴이 복 있는 얼굴이고,

웃는 인상을 가진 사람이 더 잘살고 많은 사랑을 받게 되는 것입니다.

을 일으켜 달라고 기도할지도 모르겠습니다.

노먼 커즌스는 자신의 여행 과정을 꼼꼼히 분석하고 난 뒤 두 가지 처방을 내렸습니다. 하나는 웃음 요법이고 다른 하나는 다량의 비타민 C 투여였습니다.

웃음 요법을 선택한 이유는 면역력을 떨어뜨리고 병에 걸린 원인이 극심한 스트레스와 긴장감 때문이라고 생각했기 때문입니다. 그는 스트레스와 긴장감이 '부정적인 정서'라면, 역으로 면역력을 증가시키고 병을 회복시킬 수 있는 요인은 '긍정적인 요소'이며 그 구체적인 방법이 웃음이라고 보았습니다. 긍정적인 정서를 획기적으로 증가시켜 주는 것이 웃음이라고 생각한 것입니다.

그럼 비타민 C 다량 투여를 선택한 이유는 무엇일까요? 비타민 C는 염증을 막아 주기 위해 먹던 아스피린의 대체품이었습니다. 비타민 C가 염증 완화에 도움이 된다는 의학계 보고를 접했기 때문입니다. 항생제나 아스피린 같은 약물에 의존하지 않고(약물 자체의 독성이 몸을 망치고 있다고 보았으므로) 비타민 C로 염증을 치료하기로 한 것입니다.

노먼 커즌스의 웃음 요법에 대해 자세히 이야기해 볼까요? 그는 구체적으로 어떻게 웃을 수 있었을까요? 우선 환경을 바꾸었습니다. 딱딱한 병원을 벗어나 사생활이 보장되는 편안한 호텔로 옮겼습니다. 호텔 방에서 그는 간호사에게 부탁하여 정말 웃기는 영화들을 보기 시작했습니다. 이 방법은 효과가 좋아서 10분간 웃고 나면 2시간 동안 통증을 느끼지 않았다고 합니다. 그 외에도 간호사에게 웃기는 책을 읽어 줄 것을 부탁했습니다. 간호사들은 유머집을 가져와 가장 웃기는 대목들을 읽어 주었지요. 이를 계속하자 놀랍게도 웃음이 통증을 줄여 주고, 질병을 회복시키는 화학 작용을 일으키기 시작했습니다. 비타민 C 다량 투여도 염증을 막는 데 제 몫을 했지요. 이 두 가지 요법을 시작한 지 8일 만에 그는 손가락을 움직일 수 있게 되었고, 고통도 꽤 많이 줄었습니다. 얼마 지나지 않아 직장으로 돌아가 하루 종일 근무를 할 수 있게 되었고, 수년 뒤에는 완치에 이르렀지요. 노먼 커즌스의 기적 같은 이야기는 의학계에 발표되었고, 엄청난 반향을 일으켰습니다.

웃음이 주는 가장 큰 효과는 긍정적인 정서를 만들어 낸다는 것입니다. 즉 우리의 마음이 즐겁고 밝아진다는 거죠. 그 자체가 행복이잖아요. 그리고 노먼 커즌스의 이야기에서 보았듯이, 그 긍정적인 정서는 우리의 신체 면역 체계를 강화시켜 줍니다. 즉 많이 웃으면 정서가 밝아지고, 정서가 밝아지면 건강해지고 오래 살 수 있다는 거죠. 왜 웃음이 중요한지 이해가 됐나요?

도현 웃으면 좋다는 것은 아는데요, 하루 종일 앉아서 공부만 하다 보면 웃을 일이 없어요. 짜증만 나는걸요. 웃을 수 있는 방법이 뭐가 있을까요?

희큐쌤 도현이 말처럼 학교생활에서 웃을 일이 많지 않은 건 사실이에요. 노먼 커즌스가 그런 것처럼 웃기는 영화를 볼 수도 없고 말이에요. 제가 고등학교에 다니던 때도 상황이 비슷했습니다. 그때는 교칙이 매우 엄격하고 체벌을 받는 일도 많아서 더더욱 웃을 일이 없었지요. 그래도 말입니다. 학교에는 친구가 있습니다. 친구는 아무리 어려운 상황에서도 웃을 수 있는 매개가 되지요. 저는 고등학교 때 비공식 동아리를 하나 운영했습니다. 점심시간만 되면 활동하는 동아리였는데, 그 이름은 바로 '헛솔리즘'이었습니다. 어른이나 선생님들은 헛소리라고 생각할 수도 있지만, 우리에게는 진지한 이야기라는 뜻에서 '헛소리 + 이즘(사상 혹은 이념)'이란 말을 만들어 냈지요. 우리는 헛솔리즘을 통해 교육, 정치, 문화 등 다양한 분야의 우리가 좋아하지 않는 어른들의 모습을 풍자하고 비판하면서 정말 많이 웃었습니다. 생각해 보면 그 시간은 학교생활에서 숨 쉴 수 있는 유일한 재미있는 시간이었고, 그 덕분에 학교를 졸업할 수 있었지 않나 싶을 정도입니다. 여러분도 저처럼 재미있는 지하 동아리를 한번 운영해 보면 어떨까요?

다르기 때문에
아름다워요

교육의 가장 큰 성과는 관용이다.

헬렌 켈러

희큐쌤 여러분 지난번에 웃음에 대해 강의를 했는데, 그동안 열심히 웃었나요?

학생들 네!

학생들 아니요!

희큐쌤 하하. 서로 다른 대답이 나왔네요. 많이 웃은 학생들은 인생이 좀 달라지는 걸 경험했나요? 앞으로도 계속 웃다 보면 운명이 달라질 테니, 계속 열심히 웃어 보시길 바랍니다. 오늘 강의 주제는

'인간관계'입니다. 가장 먼저 이야기해 볼 것은 다수의 사람들과의 관계 맺기입니다.

왕자와 공주의 눈물 "같은 방을 쓰는 친구가 미워요."

희큐쌤 ▶ 간디학교 학생들의 이야기를 들려줄게요. 간디학교에 입학하면 기숙사 생활을 하게 됩니다. 한 방에서 3~4명이 함께 지내지요. 대부분의 학생들은 처음에는 친구들과 한 방에서 지내는 것을 좋아합니다. 한 달 정도는 신이 나서 잠도 자지 않고 밤늦게까지 수다를 떨고 즐겁게 지냅니다. 하지만 한 달이 지나면 아이들의 얼굴이 어두워지기 시작합니다. 특히 여학생들의 경우는 더 심각합니다. 우는 아이들도 있습니다.

처음에 저는 '아, 아이들이 가족들이 그리워 우는구나.'라고 생각했습니다. 그러다 몇 년이 지난 뒤 아이들이 우는 진짜 이유를 알게 되었습니다. 왜 아이들이 기숙사에서 우는 것일까요? 아이들이 우는 이유는 한 방에 사는 다른 친구가 밉기 때문입니다. 놀라운가요? 하지만 조금만 깊이 생각하면 그리 놀라운 일이 아닙니다.

요즘 대한한국의 아이들은 대부분 왕자 공주로 자라납니다. 집 안에 자기 방이 있고, 침대도 있고, 컴퓨터도 있고…… 부족함 없이 자라지요. "공부만 열심히 해라." 하면서 간식을 제공해 주는 어머니의 룸서비스까지 받으면서 말입니다. 그렇게 자란 왕자와 공주들이 간디학교에 와서 다른 왕자 공주와 한 방에 여럿이 살게 되면서 평민으로 신분이 전락하게 된 것입니다. 너무나 다른 여러 아이들과 함께 생활하게 되면서 '다름'을 인정하고 수용해야 하는데 그게 쉽지 않습니다. 말하는 습관, 잠자는 습관 등 모든 것이 자기와 다른 같은 방 친구를 받아들이는 것은 어려운 일이기 때문입니다. 그러다 보니 같은 방 친구가 미워집니다. 다른 것이 싫고 미운 것이지요. 제가 생각하기에 이 모습은 간디학교뿐만이 아니라 오늘날 대부분 청소년들의 모습입니다.

청소년 여러분에겐 다른 것을 받아들이는 것이 너무나 어려운 도전인 것 같습니다. 같은 방에 사는 친구의 다름을 받아들일 수가 없어서, 그 친구가 미워서 우는 사람이 즐겁게 살아갈 수 있을까요? 당연히 아닙니다. 인간은 사회적 동물입니다. 태어나서 죽을 때까지 다른 사람과 더불어 살아가야 합니다. 청소년들은 다른 사람을 받아들이는 데 미숙합니다. 그래서 누군가와 함께 살아가야 하는 것이 고통으로 다가올 수 있습니다. 솔직히 말하면 어른들도 타인을 받아들이고 함께 사는 것에 익숙한 것은 아닙니다.

나와 다른 타인을 받아들이는 능력 즉 '수용'은 관계의 가장 기초적인 능력입니다. 이러한 수용의 능력을 '관용(tolerance)'이라고 부릅니다. 관용은 사랑의 가장 기초적인 능력이고, 우리가 사람을 대할 때 가져야 할 태도입니다.

성격을 나누는 4개의 기준과 16개의 성격 유형

희큐쌤 개에 대해서 생각해 보면 어떤 공통점이 떠오릅니다. 모든
개들은 짖는다든지 개는 대체로 주인을 잘 따른다든지. 하지만 자세
히 들여다보면 각각의 개들은 모두 다릅니다. 색깔도 다르고 짖는 소
리도 다르고 성격도 다릅니다. 하지만 그것들이 너무 달라서 개로 보
이지 않고 고양이로 보일 정도는 아니지요. 개들은 모두 다르긴 해도
개라는 어떤 공통된 특성들을 가지고 있고, 그 안에서 각각의 차이
점을 가지고 있다는 뜻입니다. 사람도 마찬가지입니다. 사람은 사람
만의 공통된 특성들을 가지고 있습니다. 하지만 자세히 들여다보면
개인차가 존재하는 거죠. 하지만 성격은 그렇지 않습니다. 사람들이
서로 잘 지내지 못하는 주된 이유의 하나는 성격 차이입니다. 이것에
관해 우리가 명확하게 알고 대처한다면 인간관계를 잘할 수 있다는
거죠. 이제부터 타고난 성격과 그 차이에 관해서 알아보기로 합시다.

　인간의 성격 차이를 가장 잘 드러내 주는 것이 16개의 성격 유형
에 관한 MBTI 검사입니다. MBTI(Myers-Briggs Type Indicator)는 마이
어스(Myers)와 브릭스(Briggs)가 심리학자이자 정신과 의사인 칼 구스
타프 융(Carl Gustav Jung, 1875~1961)의 심리 유형론을 바탕으로 만든
검사입니다. '메이어와 브릭스의 성격 유형 검사'라고 번역할 수 있
으며, 보통 MBTI라고 부릅니다.

　우리나라에서는 1990년경부터 MBTI를 사용해 왔습니다. 제가 처

나와 다른 타인을 받아들이는 능력
즉 '수용'은 관계의 가장 기초적인 능력입니다.
이러한 수용의 능력을 '관용'이라고 부릅니다.
관용은 사랑의 가장 기초적인 능력이고,
우리가 사람을 대할 때 가져야 할 태도입니다.

음 그 검사를 받았을 때 무척 놀라워했던 기억이 납니다. 사람들의 서로 다른 성격을 잘 구분해 주고 왜 사람들이 서로 잘 받아들이지 못하는지 알게 해 주었다는 점이 정말 신기했습니다. 이 성격 유형 검사에 따르면 성격은 네 가지 기준으로 나뉩니다.

① 외향적인가 내향적인가?

② 감각형인가 직관형인가?

③ 사고형인가 감정형인가?

④ 판단형인가 인식형인가?

이렇게 네 가지 기준에 따라 정도 표시를 할 수 있습니다. 조금 내향적인지 매우 내향적인지를 점수가 말해 주는 것이지요. 마찬가지로 감각형인가 직관형인가, 사고형인가 감정형인가, 판단형인가 인식형인가에 하는 기준에 있어서도 정도를 측정해 줍니다. 각각 예를 들어 설명하겠습니다.

매주 회식을 할까요?
- 외향적 성격(Extroversion)과 내향적 성격(Introversion)의 이야기

희큐쌤 ▶ 사람들은 내향적인 사람과 외향적인 사람으로 나눌 수 있습니다. 회사 직원들이 한 달에 한 번 있는 회식을 매주 하는 것에 대한 의견을 나눕니다. 내향적인 사람들은 이렇게 말할 것입니다.

"각자 살기도 바쁜데 왜 자꾸 모이게 하는 거야?"

"가정이 있는 사람도 많고 물가도 많이 올라 돈이 많이 드는데, 매주 회식할 비용이 있다면 개인에게 나누어 주면 더 좋을 것 같아. 각자 그 돈으로 원할 때 먹고 싶은 걸 사 먹을 수 있으니까. 왜 같은 시간에 모든 사람을 모으려는 건지……."

외향적인 사람들은 이렇게 말할 것입니다.

"우리 가능한 자주 만납시다. 친분도 쌓고 회사 이야기도 나누다 보면 서로 정이 들고, 좋은 정보나 아이디어도 교환할 수 있잖아요. 만약 회식비가 모자란다면 우리가 돈을 모으면 되는 거고요."

내향적인 사람은 혼자 있을 때 가장 생산적인 활동을 합니다. 혼자서 책을 보고 연구하고 깊이 자신을 들여다볼 때 에너지가 상승되기 때문입니다. 혼자 있을 때 성장과 배움이 잘된다는 것이지요. 하지만 외향적인 사람은 반대입니다. 혼자 있으면 힘이 빠지고 의욕을 갖지 못합니다. 여럿이 함께 모이면 갑자기 힘이 나고 의욕이 솟고 좋은 아이디어도 생각납니다. 여럿이 함께 모여야 에너지가 상승하고 생산적이 되는 것입니다. 여러분은 둘 중 어떤 유형인가요?

이번 졸업식은 어떻게 할까요?
- 감각형(Sensing)과 직관형(iNtuition)의 이야기

희큐쌤　학교에서 교사들이 회의를 하고 있습니다. 안건은 졸업식입니다. 교사들은 대개 이런 안건에 대해 두 부류로 나뉩니다. 한 부류는 이렇게 말합니다.

"작년 졸업식 순서가 여기 있습니다. 혹시 여기에서 수정할 것 있으면 이야기해 주세요. 기본적으로 작년 졸업식 식순을 그대로 따르되 약간 추가하거나 아님 생략할 부분만 지적해 주시면 됩니다."

다른 한 부류는 이렇게 말합니다.

"이번 졸업식은 작년과는 전혀 다른 방식으로 하면 어떨까요? 작년의 졸업식은 너무 진부하지 않았나요? 요즘의 시대감각에 맞게 획기적으로 변화를 주면 어떨까요? 예를 들면 뮤지컬을 도입하는 거죠. 대부분의 식순을 뮤지컬로 바꾸는 거예요."

앞의 부류는 소위 '경험론자'들입니다. 본인들이 실제 '감각(청각, 시각, 촉각, 미각, 후각)'으로 경험한 것들을 중시하지요. 과거의 경험과 전통을 중요하게 생각하고, 그 경험과 전통 위에서 점진적인 개선을 하려는 사람들입니다. 뒤의 부류는 경험보다는 새로운 아이디어를 중시합니다. 감각보다는 '직관'을 중시하여 과거의 전통에 매이기보다는 늘 새로운 변화를 추구하려고 합니다. 두 부류는 서로를 비판합니다.

'변화도 좋지만, 변화에 필요한 많은 일은 누가 다 하지? 모든 일은 우리가 감당해야 하는데 말이야.'

'수년 째 똑같은 졸업식이라니 정말 지겨워. 고리타분하다고.'

이렇게 인생을 경험과 전통의 관점에서 보는 사람이 있는가 하면 변화와 미래의 관점에서 보는 사람도 있습니다.

폭력에 대처하는 법
- 사고형(Thinking)과 감정형(Feeling)의 이야기

희큐쌤 한 학생이 다른 학생을 때렸습니다. 두 사람이 티격태격 말싸움을 하다가 한 명이 흥분해 다른 한 명을 주먹으로 때린 것입니다. 간디학교에서는 이런 일이 생기면 전체 회의를 엽니다. 그러면 반드시 두 종류의 반응이 나옵니다. 한 부류의 학생들은 그 폭력 행위에만 초점을 맞추고 폭력의 정도, 그에 상응하는 처벌이나 처방에 집중하여 이야기합니다. 이들은 싸운 두 사람의 관계나 정서에 관심을 기울이지는 않습니다.

"이 일은 명백한 폭력 행위이며 따라서 폭력을 행사한 학생은 모든 사람 앞에서 사과해야 합니다. 또 가해 학생은 자신의 행동에 책임을 지기 위해 일주일간 학교 쓰레기 처리를 하도록 하면 좋겠습니다."

다른 부류의 학생들은 좀 다른 각도에서 이 문제를 접근합니다. 이들은 폭력을 가한 학생에게 내려질 처벌이 두 사람의 관계, 다른 많은 사람들과의 관계에 어떤 영향을 끼칠지 먼저 생각합니다. 일 중심이지 않고 정서를 많이 고려하는 편이지요. 어떤 판단을 함에 있어 서로의 정서와 관계를 중시하는 것이지요.

"두 사람의 관계를 고려해서, 처벌 대신 산책을 하면서 대화를 하게 하면 좋겠습니다. 두 사람이 스스로 문제를 해결할 수 있도록이요. 그리고 나서 둘에게 이 일에 대한 해결 방안을 물어보고, 적당할 경우 받아들이면 어떨까요?"

전자의 사람들이 일 중심, 사고 중심이라면 후자의 사람들은 관계 중심, 정서 중심으로 생각합니다.

소풍날 생긴 일
- 판단형(Judging)과 인식형(Perceiving)의 이야기

희큐쌤 간디학교에서 실제로 있었던 이야기입니다. 학교 분위기도 살리고 학생들의 기분도 전환시키기 위해 전체 학생과 교사가 바로 다음 날 갑작스런 소풍을 가기로 결정했습니다. 교사들 중에는 계획을 거의 하지 않는 매우 즉흥적인 분(인식형)들이 있는가 하면 모든 것을 치밀하게 계획하지 않고서는 절대 움직이지 않는 분(판단형)들도 있습니다. 소풍날 아침 K 교사는 아침 일찍 차를 몰고 출발했습니다. 그런데 소풍 장소가 어디인지 알지 못했습니다. 그래서 동료 교사에게 전화를 했습니다.

"김 선생 내가 지금 출발했는데 소풍 장소가 어디라고 했지?"

반면 신중한 계획파인 P 교사는 소풍이 결정된 이후로 지도를 꺼내 놓고 10분 단위로 세부 계획을 짜고 있습니다. 소풍날 출발할 시간이 됐는데도 집을 나서지 못했습니다. 완벽한 계획이 아직 서지 않았기 때문입니다. 결국 P 교사는 소풍이 거의 끝날 무렵에야 소풍 장소에 도착했습니다.

어때요, 제가 들려준 예들이 재미있었나요? 서로 다른 심리 유형이 이해가 되었나요? 네 가지 기준에 따라 각각 다른 두 가지 유형이 존재하고 경우의 수를 생각하면 모두 16개의 성격 유형이 존재하게 됩니다. 간략하게 16개의 성격 유형을 소개하겠습니다.

① ISTJ 세상의 소금형

　한번 시작한 일은 끝까지 해내는 책임감 있고 성실한 사람들

② ISFJ 임금(권력)을 뒷받침하는 형

　성실하고 온화하며 협조를 잘하는 사람들

③ INFJ 예언자형

　사람과 관련된 뛰어난 통찰력을 가지고 있는 사람들

④ INTJ 과학자형

전체적인 부분을 조합하고 분석하여 비전을 제시하는 사람들

⑤ ISTP 백과사전형

논리적이고 뛰어난 상황 적응력을 가진 사람들

⑥ ISFP 성인군자형

따뜻한 감성을 가지고 있는 겸손한 사람들

⑦ INFP 잔다르크형

이해심 많고 개방적이며 신념이 강한 사람들

⑧ INTP 아이디어 뱅크형

지적 호기심이 높은 뛰어난 전략가형

⑨ ESTP 수완 좋은 활동가형

느긋하고 관용적이며, 다방면에서의 활동을 선호하는 사람들

⑩ ESFP 사교적인 유형

호기심 많고 개방적이며 우호적인 사람들

⑪ ENFP 스파크형

상상력이 풍부하고 순발력이 뛰어난 사람들

⑫ ENTP 발명가형

독창적이며 늘 새로운 것에 도전하는 사람들

⑬ ESTJ 사업가형

사무적이고 실용적이며 현실적으로 일하는 사람들

⑭ ESFJ 친선 도모형

친절과 현실감을 바탕으로 타인에게 봉사하는 사람들

⑮ ENFJ 언변 능숙형

  사교적이고 타인의 성장을 도모하며 협조하는 사람들

⑯ ENTJ 지도자형

  활동적이고 통솔력 있는, 사람들을 이끌어 가는 사람들

우주의 주인은 내가 아니라 우리예요

희큐쌤   제가 간디학교를 운영하면서 얻게 된 가장 큰 수확 중의 하나는 '다른 것이 아름답다.'는 것을 깨달은 일입니다. 과거의 저는 제 성격이 표준이라고 착각하면서 살았습니다. 자연스럽게 제 눈에는 다른 사람이 조금은 비정상처럼 보였지요. 자주 '저 사람은 왜 저럴까?'라고 생각했던 것 같습니다. 하지만 진실은 내가 인간의 표준이나 척도가 아니라, 16개 성격 유형의 하나라는 것이었지요.

이것이 말해 주는 메시지는 무엇일까요? 저는 신이 인간을 각각의 유형으로 다르게 창조한 이유는, 머리를 맞대고 협력하여 가장 좋은 결과를 도출하도록 유도하기 위해서라고 생각합니다. '다른 것이 아름답다.'는 것은 즉 신의 메시지인 것이지요.

나이가 들고 성숙해 간다는 것은 자신이 우주의 중심이었던 어린 시절을 벗어나 균형적인 생각과 느낌을 갖는 것이라고 할 수 있습니다. 실제로 많은 사람들이 나이가 들면서 자신의 타고난 성격을 보완합니다. 내향적인 사람은 좀 더 외향적으로(반대로 외향적인 사람은 좀 더 내향적으로), 경험 중심의 사람이 변화도 추구하고(반대로 변화 추구형의 사람이 경험을 좀 더 중시하게 되고), 일 중심의 사람이 관계도 고려할 줄 알게 되고(반대로 관계 중심의 사람도 일 중심의 원칙을 찾게 되고), 충동적인 사람이 신중하게 계획을 세우게 됩니다.(반대로 계획적인 사람이 즉흥적인 결정을 내리게 되고)

이것이 바로 '다른 것이 아름답다.'는 것을 배워 나가는 과정입니다. 이러한 과정을 거치면 우리는 다른 여러 사람을 만나도 스트레스를 받지 않고 즐겁게 협력하면서 살아갈 수 있습니다. 다름을 인정하는 일은 보완, 균형, 조화를 가능하게 하고 더욱 완전한 상태가 되도록 도와줍니다.

오늘은 사람을 대하는 태도인 관용에 관해서 공부했습니다. 관용은 다름을 싫어하고 배척하는 유치한 미성숙에서 벗어나, 다름의 아름다움을 배우고 깨닫는 것입니다. 이러한 자세는 평화로운 마음과 상대에 대한 존경과 감사를 갖게 하며, 우리의 정서를 사랑으로 가득하게 만들어 줍니다. 관용은 '다른 것이 아름답다.'는 마음이며 사랑의 기초입니다.

서은 다름을 인정해야 한다는 건 알고 있어요. 하지만 나와 다른 의견을 듣게 되면 우선은 기분이 좋지 않잖아요. 앞의 졸업식 준비를 예를 들어 설명하자면 저는 경험을 중요하게 생각하는 쪽이에요.

그래서 경험과 전통을 무시하고 새로운 졸업식을 꾸미자는 의견을 들으면 화가 좀 날 것 같아요. 그런 마음이 잘못된 건가요?

희큐쌤　듣기 거북할지 모르겠지만, 다름에 대해 불쾌한 감정을 느끼는 것은 아직 미성숙하다는 것을 나타내는 감정입니다. 과거에 백인들이 흑인을 보면서 열등한 존재라고 생각하고 무시한 것과 같은 것이지요. 무지에 의해 자기 자신이 우주의 중심과 잣대인 것처럼 느끼는 겁니다. 우리가 이런 무지에 놓여 있다는 것을 자각하게 된다면 점차 태도가 바뀌겠지요. 그런 의미에서 인간은 아직 무지의 시대를 벗어나지 못하고 있다고 보아야 할 겁니다. 인종 차별 법이 폐지된 것도 그리 먼 과거가 아니고, 아직도 세상 곳곳에 무지에 의한 차별과 편견이 존재하고 있습니다. 그러한 편견과 무지에서 벗어나는 것이 교육의 목적이라고 봅니다.

은진　하지만 우리가 그런 무지를 깨달았을 경우, 과연 우리의 입장을 표현할 수 있을까요? 자기의 생각이 편견이라고 깨달으면 자신감을 잃어서 의견을 내놓기 힘들 것 같아요.

희큐쌤　하하하. 그런 걱정은 하지 않아도 될 것 같습니다. 인간은 여러분이 생각하는 것보다 훨씬 고집이 세서, 자신의 성격과 관점에 의해 의견을 표현하게 되어 있습니다. 단지 자신이 우주의 표준과 중심이 아니라는 자각을 한 사람은 그렇지 않은 사람에 비해 훨씬 더 남의 의견을 존중하고 경청하려고 한다는 것이 차이점이지요. 인간은 지속적인 노력을 하고 반성을 하지 않는 한, 늘 자신이 옳다고 믿고 자신이 표준이라는 생각에 빠지기 쉽습니다. 관용의 미덕은 바로 그러한 함정에 빠지는 것을 경계하고 늘 겸손의 자세를 가지는 것을 의미합니다.

무림 저는 내향성과 외향성의 중간 정도가 되는 것 같은데, 저 같은 사람은 정확한 성격 유형을 규정하기 어렵나요?

희큐쌤 극단적으로 내향적이거나 외향적인 사람이 있긴 하지만 대부분의 사람은 내향적인 성격과 외향적인 성격이 섞여 있습니다. 다만 어느 부분이 좀 더 강한가에 따라 편의상 내향적, 외향적이라고 구분하는 거지요. 100% 중에 내향적인 것이 40%, 외향적인 것이 60%, 혹은 55% 대 45% 이렇게 중간인 사람들도 있습니다.

무림 아, 그렇군요. 제 경우는 외향성 60%, 내향성 40% 정도 되는 것 같아요. 저는 어울리는 것도 좋아하고, 혼자 있는 것도 좋아하는 편이거든요.

은경 선생님의 성격 유형은 무엇인가요?

희큐쌤 글쎄, 이런 것을 강의 시간에 말해야 하나요? 하긴, 별 비밀은 아니니까요. 저는 성격 유형의 네 가지 기준에서 보면 다소 내향적, 감각보다는 직관형, 감정형이 아닌 사고형, 판단형이기보다는 인식형인 성격 유형에 속합니다. 이런 성격 유형은 철학자형, 아이디어 뱅크형이기 쉽지요.

어떤 성격 유형이 좋다 혹은 나쁘다고 평가할 수는 없습니다. 그저 서로 다른 것뿐이지요. 그래서 먼저 자신의 성격을 알아야 해요. 그리고 다른 사람의 성격을 거울로 삼아 자신의 성격을 보완해 가면서 살아야 합니다. 저의 경우엔 경험 중시의 사람들의 의견을 수렴해 변화 중심인 제 의견을 자제하고, 충동적인 행동으로 실수하는 것을 막기 위해서 신중하고 계획적으로 행동하려고 노력해야 합니다. 또 어떤 판단에 있어서 일 중심(사고 중심)을 유지하되 다른 사람의 정서나 관계도 고려해야 하는 것을 배우고, 홀로 생산적인 일에 몰두하되 다른 사람들과 어울리면서 즐거운 시간을 보내는 법도 배워야 한다는 것이지요.

강의 8
다른 사람의 마음을
이해해 봐요

꽃을 사랑하는 한 여인이
꽃에 물을 너무 많이 주어 그 꽃이 죽어 버렸다면,
그녀가 과연 꽃을 사랑한 것이라 할 수 있겠는가?

에리히 프롬

희큐쌤 ▷ 지난 강의에서 사랑의 첫 단계는 자신과 다른 타인을 인정하고 존중하는 것이라고 했고 그것을 '관용'이라고 부른다고 알려 줬지요? 이러한 태도는 나와 가까운 사람뿐 아니라 알지 못하는 사람들에게도 적용이 됩니다. 즉 내가 이 세상 모든 사람들에 대해 취하는 태도와 자세인 것입니다.

오늘은 관용보다 더 높은 단계의 사랑에 관해 생각해 보기로 하겠습니다. 그것은 '이해'의 단계입니다. 모든 사람을 이해할 수 있다면 좋겠지만 그것은 우리의 능력으로 할 수 있는 일이 아닙니다. 그 일을 할 수 있는 건 신밖에 없을지도 몰라요. 우리가 이해할 수 있는 대상은 나와 가까운 가족이나 친척, 친구입니다. 흔히 우정이나 사

모든 사람을 이해할 수 있다면 좋겠지만

그것은 우리의 능력으로 할 수 있는 일이 아닙니다.

그 일을 할 수 있는 건 신밖에 없을지도 몰라요.

우리가 이해할 수 있는 대상은 나와 가까운 가족이나 친척, 친구입니다.

흔히 우정이나 사랑이라고 부르는 것이 바로

이러한 이해에 기초한 사랑입니다.

랑이라고 부르는 것이 바로 이러한 이해에 기초한 사랑입니다.

이해란 무엇일까요? 쉽게 말해서 이해는 '상대의 마음을 알아주는 것'입니다. 청소년들이 부모님께 가장 바라는 것도 이해가 아닌가요? 왜 공부가 힘든지, 어떤 고민을 가지고 있는지 이해받고 싶잖아요.

다른 예로 아내들이 남편에게 가장 섭섭해 하는 부분이 마음을 몰라주는 것이라고 합니다. 고생을 해도 좋고 돈을 적게 벌어 와도 좋으니, 마음을 좀 알아줬음 하는 것이지요. 마음을 제대로 알아주는 것, 즉 이해한다는 것은 사랑의 관계에서 무엇보다도 중요한 본질입니다.

가장 가까운 사이라 여겨지는 부모와 자녀 사이, 부부 사이에서 얼마나 서로를 이해하고 있을까요? 자녀들의 경우, 초등 4학년이 되면 대개 부모에게 자신의 마음을 온전히 드러내지 않는다고 합니다. 그 이유는 부모가 자신을 완전히 이해하지 못한다고 여기기 때문입니다. 그런데 제가 만난 대부분의 부모들은 자신들이 자녀와 대화를 잘하고 있고, 그래서 자녀를 잘 이해하고 있다고 믿고 있습니다. 정말 그럴까요? 그렇지 않습니다. 제가 만난 대부분의 부모들은 실제로 자녀들을 잘 알지 못하고 그래서 이해하지 못하고 있습니다. 그뿐만이 아니라 부부 사이도, 가까운 친구 사이도 이해가 부족한 경우가 많습니다. 오늘날을 살아가는 우리들은 누군가를 이해하는 능력이 너무나 부족합니다.

네 가지 소통 유형을 소개할게요

희큐쌤 이번에도 예를 들어서 설명하겠습니다. 민철이라는 초등 6학년 소년이 있습니다. 어느 날 민철이가 같은 반 친구 철수에게 심하게 얻어맞았습니다. 민철이 어머니는 민철이의 얼굴을 보고 깜짝 놀랐습니다. 얼굴 곳곳에 시퍼런 멍이 들었고, 옷은 코피로 얼룩져 있었습니다. 이런 상황을 마주한 대한민국 어머니의 반응은 아마도 네 가지 유형으로 나눌 수 있을 것 같습니다.

첫 번째 유형은 '해결사형'입니다.

어머니: 민철아 누가 널 이렇게 만들었니?

민철: (머뭇거린다.)

어머니: 빨리 말해, 누가 그랬냐고?

민철: …… 우리 반 철수요.

어머니: (더 이상 대화를 하지 않고 바로 학교에 전화를 걸어 철수를 처벌해줄 것을 강하게 요청한다.)

민철: (난감한 얼굴로 어찌할 줄 모른다.)

이런 유형의 부모(혹은 사람)를 우리는 해결사형이라고 부릅니다. 부정적인 표현으로는 과보호형이라고 합니다. 상대의 의사를 거의 묻지 않고 자신의 방식으로 상대의 문제를 해결하는 유형입니다. 해결사형 어머니는 민철이가 계속 같은 반에서 철수와 함께 생활해야 하는 데도 불구하고, 민철이의 생각이나 의견을 묻지 않습니다. 스스로 문제를 파악하고 해결하려 합니다. 이런 경우 자녀는 부모에게 의존하게 되고 스스로 해낼 수 없게 됩니다. 의존적이고 무기력한 사람이 되어 가는 거죠.

두 번째는 '도덕군자형'입니다.

어머니: 어떻게 된 일이니? 여기 앉아 봐.

민철: (자리에 앉아 한참 머뭇거리다가 대답한다.) 같은 반 철수에게 맞았어요.

어머니: 왜 철수가 너를 때렸다고 생각하니?

민철: (다시 한참 머뭇거린다.) 잘 모르겠어요. 제가 철수를 좀 놀리긴 했는데…….

어머니: 넌 말이야, 평소에 말을 함부로 하는 경향이 있어. 그러니 네 동생하고도 늘 싸우잖아. 이런 일이 일어나지 않으려면 네가 말하는 방식을 고쳐야 해.

민철: (위로는커녕 꾸중을 들으니 화가 나려고 한다.)

이런 유형의 부모를 '도덕군자형'이라고 부릅니다. 부정적으로 표현하면 훈계형 혹은 꼰대형이라고도 합니다.

옳고 그른 것에 대해 잘 알고 잘 교육하지만, 마음을 알아주는 데는 빵점입니다. 이런 유형의 부모 아래에서 자란 자녀들은 자칫 어굿나기 쉽습니다. 반발심 때문입니다. 부모의 진심 어린 이해를 받지 못하다 보니 반항하는 마음이 생기는 것이지요.

세 번째는 '초월형'입니다.

어머니: 인생이 다 그런 거야. 인생에는 늘 고통이 있단다. 시간이 지나면 좋아질 거야. 그냥 잊어버리자.

민철: (시무룩하게 앉아 있다. 어머니의 말이 이해가 되지 않고, 위로도 되지 않는다. 섭섭하기만 하다.)

이런 유형을 초월형, 부정적으로 표현하면 회피형이라고 합니다. 우리나라에 이런 유형의 아버지들이 많습니다. 저도 한때 이 유형에 속했던 것 같습니다. 아버지들은 일이 바쁘고, 아이들 문제에 직접 관여하기를 꺼려 하는 경향이 있습니다. 그래서 아이들의 문제를 제대로 파악하지 않으려 하고, 그 문제에 관해 깊은 대화를 하지 않습니다. 부드럽고 고상한 말투로 말하지만 사실은 문제를 회피하고 있다고 보아야 하겠지요.

지금까지 본 세 유형은 모두 자녀의 마음을 이해하지 못했습니다. 모두 자녀의 의견을 제대로 듣지 않았지요. 그뿐만이 아니라 자녀를 진심으로 위로하지도 못했습니다. 이 부모들은 자녀들과 대화를 한 것이 아니라, 일방적으로 자신의 의사를 전달한 것이라고 해야겠지요. 이 세 가지 경우가 대화라고 볼 수 없는 이유는 상대의 생각을 듣지 않고 자신의 생각만 전달했기 때문이고, 상대의 아픔에 공감하거나 위로하지 못했기 때문입니다.

마지막 유형은 '이해소통형'입니다.

어머니: (민철이를 안아 주면서 말한다.) 많이 아팠지? 괜찮니?

민철: (아무 말 없이 안겨 있다.)

어머니: (민철이가 좀 진정된 것 같아 보이자 묻는다.) 어떻게 된 일이야?

민철: (자초지종을 이야기한다.) 제가 철수를 놀렸는데, 철수가 화가 나서 저를 때렸어요. 아침에 철수가 담임 선생님께 심하게 혼났거든요. 그래서 기분이 영 엉망인데 제가 놀려서…… 철수가 화가 날 법도 해요.

어머니: 아 그랬구나. 그래도 철수가 너무 심하게 군 것 같은데?

민철: 저도 그렇게 생각해요. 제가 원인을 제공했지만, 그렇다고 이렇게 심하게 때린 건 철수가 잘못한 거죠.

어머니: 이제 어떻게 하면 좋겠니?

민철: 으음, 생각해 보니까요. 제가 먼저 놀린 것에 대해 사과를 해야 할 것 같아요. 그 뒤에 저를 심하게 때린 것에 대해서 따질 거예요. 그럼 걔도 사과를 하지 않을까요? 철수가 좀 심하기는 했지만, 관계를 끊을 생각은 없어요. 평소에는 철수가 절 많이 도와주거든요. 성질이 욱해서 실수를 하긴 했지만요.

이해소통형은 앞의 세 유형과는 전혀 다릅니다. 이해소통형 엄마는 민철이의 마음을 읽고 위로합니다(공감). 그런 뒤 민철이로부터 상황에 대해 자세하게 듣습니다(경청). 그리고 무엇보다도 중요한 것은, 민철이가 스스로 문제를 해결을 할 수 있도록 민철이의 의견을 묻고 존중합니다(스스로 문제를 해결하도록 돕기). 일방적으로 자신의 의견을 주입하려고도 하지 않습니다. 이것이 바로 이해소통형의 방식입니다.

주위를 살펴보면 이해소통형은 그리 흔하지 않습니다. 특히 부모들이 자녀를 대하는 방식, 교사들이 학생을 대하는 방식에서 찾아보기가 힘듭니다. 서로 대화하기보다는 일방적으로 문제를 해결해 주거나, 조언이나 훈계를 하거나, 혹은 문제를 회피하는 경우가 많습니다.

『마지막 잎새』가 들려주는 이해 이야기

희큐쌤   이해에 대해 더 깊이 살펴보기 위해서 문학 작품 하나를 소개하고자 합니다. 미국의 유명한 작가 오 헨리(O. Henry, 1862~1910)는 제가 가장 좋아하는 작가입니다. 그의 작품들은 재치가 있고 아름답고 감동적입니다. 그의 작품 중에 『마지막 잎새(The Last Leaf)』가 전하는 메시지를 나누어 보고자 합니다.

『마지막 잎새』의 등장인물은 미국의 가난한 화가입니다. 존시라는 여성 화가가 폐렴에 걸렸습니다. 폐렴이 악화되자 그녀는 삶의 의지를 버리고 말았습니다. 침대에 누워서 창문 밖 담쟁이덩굴에 남아 있는 잎의 수가 자신의 남은 날이라고 생각했지요. 그녀는 담쟁이 잎을 세면서 자신의 남은 날들을 세어 갔습니다.

'남은 잎 6개 내 남은 인생도 6일……'

'남은 잎 5개 내 남은 인생도 5일……'

어느새 그 담쟁이덩굴에는 단 하나의 잎만이 남아 있게 되었습니다. 존시는 마지막 잎새를 보면서 그 잎이 떨어지는 날 자기도 생을 마감하게 될 거라고 스스로 주문을 걸었습니다. 이 어처구니없는 이야기를 들은 아래층의 늙은 화가는 눈물을 흘리면서 어쩔 줄 몰라 합니다. 늙은 화가는 그날 밤 몰아치는 폭풍우 속에서도 담장에 마지막 잎새를 그려 넣었습니다. 이것만이 존시를 살릴 수 있는 유일한 방법이라고 믿었던 것입니다.

다음 날 존시는 눈을 뜨자마자 창문의 커튼을 걷어 달라고 부탁했습니다. 마지막 잎새가 떨어진 것을 확인하고 싶었기 때문입니다. 지난밤 매섭게 몰아친 폭풍우에 가냘픈 잎새가 무사할리 없을 거라고 생각했지요. 그런데 놀랍게도 커튼 너머로 마지막 잎새가 보였습니다. 그 순간 존시의 마음에 희망의 등불이 켜졌습니다.

'거센 폭풍우 속에서 저 가냘픈 잎이 살아남았어. 어쩌면 나도 살수 있을지 몰라.'

인간의 마음은 참으로 알 수 없습니다. 절망으로 달려갈 때에는 모든 것이 칠흑 같은 어둠이다가도, 희망이 솟아나기 시작하면 그 모든 것들이 다시 밝은 빛으로 되살아나니 말입니다. 존시는 삶의 의지를 되찾고 스프를 먹기 시작합니다. 그런데 슬프게도 밤새 비를 맞아 가며 마지막 잎새를 그린 늙은 화가는 폐렴에 걸려 죽고 말았습니다. 참으로 슬프고 감동적인 이야기이지요?

처음 이 작품을 읽었을 때는 작품 안에 담긴 깊은 의미를 알지 못했습니다. 여러 번 읽고서야 이 작품이 사랑의 가장 중요한 측면을 말해 주고 있다는 것을 알게 되었습니다. 사랑은 '나의 관점에서가 아니라 상대의 관점에서 상대를 보는 것'이라는 것을 말입니다.

여러분이 그 늙은 화가였다면 어떻게 했을까요? 존시의 어처구니없는 생각에 화가 났을 거라고요? 늙은 화가는 성공한 화가가 아니었습니다. 실패한 화가였기 때문에 절망에 빠져 죽어 가는 존시의 지독히도 어리석은 생각을 '이해'할 수 있었는지도 모릅니다. 그는 존시를 이해했기에, 그녀의 어처구니없는 생각을 비판하거나 설득하려 하지 않았습니다. 마지막 잎새와 함께 생을 마감할 거라고 믿는 그녀의 생각을 비판 없이 받아들였습니다. 그리고 존시를 살리기 위해 마지막 잎새가 떨어지지 않도록 한 것입니다. 존시를 살리고 끝내 자신은 죽고 만 늙은 화가의 행동이 비합리적으로 보일 수도 있습니다. 하지만 존시를 이해하고 그녀를 살리기 위해 노력한 그의 진심은 많은 사람들에게 큰 감동을 주었습니다.

상대의 감정을 헤아릴 줄 모르는 꼰대가 되지는 말아요

`희큐쌤` 제가 청소년들을 가르치면서 가장 기쁘게 생각하는 것은 10대들과 대화를 나눌 수 있다는 것입니다. 이것은 저에게 정말 자랑스러운 일입니다. 10대들의 언어를 이해하고 10대들과 진지하게 이야기 나눌 수 있는 어른은 많지 않습니다. 제 나이 세대들은 대화에 관해 배운 적이 없기 때문입니다.

그래서 저도 대안학교에서 처음으로 학생들을 가르칠 때 제 생각을 주입하는 듯한 언어를 사용하는 실수를 하곤 했습니다. 제 나름으로 열린 사람이라고 자부하면서도 말입니다. 내용이 아무리 좋아도 전달하는 방식이 강압적이면 10대들은 반발해요. 여러분도 그렇지요?

`학생들` 네! 너무 심각한 건 싫어요. 생각을 강요하는 것도 싫어요.

`희큐쌤` 오래전의 일입니다. 열정적으로 철학 강의를 마치고 뿌듯한 마음으로 교실을 나서고 있었습니다. 그때 한 여학생이 아주 불쾌한 얼굴로 제 강의 방식에 불만을 표현하는 걸 목격하고 말았습니다. 저는 부끄러움을 느끼며 동시에 충격도 받았습니다. 그때 저는 10대의 언어를 잘 모르고 있었습니다. 가벼운 농담 속에 진지한 내용을 담아 전달할 줄 모르고서는 10대의 언어를 안다고 할 수 없으

니까 말이에요. 저는 그저 진지하기만 했던 것 같습니다.

'아, 나는 아직도 꼰대를 벗어나지 못했구나.'

우리 세대의 남성들은 늘 누군가에게 조언을 해 주어야 하고, 문제를 해결해 주어야 한다고 믿는 경향이 있습니다. 그래서 서로의 생각을 나누고 상대의 감정을 헤아리는 대화에 익숙하지 않지요. 쉽게 말해서 상대를 이해하는 법을 잘 모릅니다. 소크라테스(Socrates, B.C 470?~B.C. 399)는 대화란 나의 것을 상대에게 주는 것이 아니라 상대 안에 있는 무언가를 끄집어내는 것이라고 했습니다. 그래서 그 역할을 '산파'에 비유했습니다.

교사는 결코 학생에게 지혜를 줄 수 없습니다. 나와 다른 환경에서 다른 교육을 받고 다른 부모 아래에서 자란 아이에게 교사가 지혜를 전해 줄 수는 없다는 것이지요. 교사가 학생에게 필요한 지식과 정보와 경험을 들려주면, 학생 스스로 필요한 답과 지혜를 찾아내야 합니다. 교사가 답과 지혜를 주게 되면 학생들은 혼란에 빠지게 되고 진정한 답과 지혜를 찾지 못하게 됩니다.

앞에서도 말한 것처럼 요즘 제 인생에서 가장 즐거운 일은 여러분 같은 10대들과 함께 앉아서 오랜 시간 부담 없이 대화할 수 있다는 것입니다. 대화 덕분에 10대들을 조금이라도 더 이해할 수 있는 것 같아 좋습니다. 하지만 가끔 어떤 친구들의 이야기는 정말 이해하기 쉽지 않습니다. 어렴풋이 이해가 되다가도 어둠을 헤매는 듯한 느낌을 받곤 합니다. 그럴 때 저는 중간중간 질문을 던집니다. 질문은 대화에 있어 매우 중요한 요소이지요. 어떤 대답을 기대하고서 질문하는 것이 아니라 정말 상대의 생각이나 느낌을 알고 싶어서 질문을 하는 것이 중요합니다.

인생에 있어 누군가로부터 이해받는다는 것은 매우 중요합니다. 학생회장을 지냈고 음악에도 재능이 있던 한 고등학생이 자살한 사건이 있었습니다. 만일 단 한 명이라도 그 친구를 이해해 준 사람이 있었더라면, 그 친구는 스스로 목숨을 끊지 않았을 거라고 확신합니다.

저 또한 늘 귀 기울여 주고 관심을 가져 준 어머니가 있었기에 오늘의 제가 있지 않았나 생각합니다. 학교에 적응하지 못해 고통을 겪고 죽음 직전까지 갔던 제가 새로운 학교를 만들겠다는 마음을 가지게 된 것은 어머니가 제 이야기에 진심으로 귀 기울여 주었기 때문입니다. 상대의 마음을 알아주고 상대의 이야기에 진심으로 귀 기울이는 이해의 능력이야말로 인생에서 가장 중요한 능력 중 하나이며 행복한 삶을 사는 데 꼭 필요한 습관입니다.

정현 ▶ 상대를 이해한다는 것은 상대의 관점에서 상대를 아는 것이라고 하셨는데, 어떻게 상대의 관점을 알 수 있을까요?

희큐쌤 ▶ 그건 무척 어려운 것임에 틀림없습니다. 그렇지만 불가능한 것은 아니라고 봅니다. 다른 사람의 입장과 관점을 알려면, 우선 잘 들어야 합니다. 그리고 적절한 질문을 통해 상대의 입장을 제대로 알려는 노력을 해야 합니다. 뿐만 아니라 때로는 상대의 표정, 눈빛, 목소리 등에 주의를 기울여야 합니다. 오스트리아의 언어 철학자 비트겐슈타인(Wittgenstein, 1889~1951)은 '인생에서 진정 중요한 것은 언어로 표현될 수 없다.'고 했습니다. 진정으로 누군가를 이해하기 위해서는 『마지막 잎새』의 늙은 화가처럼, 언어의 한계를 넘어서서 마음을 읽을 줄 알아야 하는 것입니다.

강의 9

믿음은
조건을 따지지 않는 사랑이에요

> 인생의 최고 행복은 사랑하고
> 사랑받고 있다는 확신에 있다.
>
> 빅토르 위고

희큐쌤 저번 시간에 공부한 이해에 대해 다시 복습해 볼까요? 이해란 무엇인가요? 상대를 이해한다는 것은 무엇일까요?

경진 내 입장이나 관점이 아닌 상대의 입장이나 관점에서 상대의 마음을 읽는 것입니다.

희큐쌤 그래요. 하지만 남의 입장에서 생각하고 마음을 읽는다는 게 여간 어려운 일이 아닙니다. 그래서 상대의 마음을 읽으려면 주의 깊게 듣고 질문도 하면서 노력해야 하지요. 오늘은 사랑의 가장 높은 단계인 '믿음'에 관해서 이야기하도록 하겠습니다. 여기서 제가 말하는 믿음이란 '내가 어떠한 상황에 처하더라도 지지하고 도와줄 것이라는 믿음'을 뜻합니다. 이러한 믿음은 조건을 따지지 않는 사랑, 무조건적인 사랑을 의미합니다.

믿음으로부터 기인한 진짜 우정

희큐쌤 오래전부터 전해 내려오는 이야기입니다. 어느 부자에게 아들 하나가 있었습니다. 부자의 아들은 친구들에게 이것저것을 잘 사 주는 편이었고, 주변에 늘 사람이 많았습니다. 부자는 아들에게 자주 말했습니다. "친구는 재물이 아닌 진실한 우정으로 사귀어야 한다." 하지만 아들은 친구들에게 돈 쓰는 일을 멈추지 않았습니다. 그러던 어느 날 부자가 아들에게 "얘야, 너는 친구가 몇 명쯤 되느냐?" 하고 물었습니다. 그러자 아들은 "한 30명쯤 되는 것 같습니다."라고 대답했습니다. "그중에 진정한 친구는 몇 명이나 되느냐?"는 물음에는 "10명 정도 되는 것 같습니다."라고 답하였습니다. 며칠 뒤 한밤중의 일이었습니다. 부자는 돼지 사체를 가마니에 싸서 가져오더니, 아들에게 말했습니다. "가장 믿을 수 있는 친구에게 네가 실수로 사람을 죽였다고 하고 도움을 청해 보거라." 아들은 가장 믿음직한 친구 몇 명을 찾아갔습니다. 그런데 아들의 친구들은 사정을 듣자마자 얼굴색이 창백해지더니 다들 핑계를 대며 아들을 돌려

제가 말하는 믿음이란

'내가 어떠한 상황에 처하더라도 지지하고 도와줄 것이라는 믿음'을

뜻합니다. 이러한 믿음은 조건을 따지지 않는 사랑,

무조건적인 사랑을 의미합니다.

보냈습니다. 마지막 친구에게까지 거절당한 아들을 보던 부자는 자신의 친구의 집으로 향했습니다. 그런 뒤 사정을 설명했습니다. 그러자 부자의 친구는 아무 말 없이 사체를 숨겨 주었습니다.

이 이야기를 분석해 보기로 할까요? 아들의 친구들은 자신들이 살인자를 도운 공범이 되는 것을 두려워했을 겁니다. 그래서 이런저런 핑계를 대면서 아들을 돕지 않은 것이지요. 아들은 그들이 어떠한 상황에서도 자신을 지지하고 도와줄 거라고 믿었지만, 그런 정도의 우정이 되지 못했던 것입니다.

하지만 부자의 친구는 달랐습니다. 죄를 지은 게 분명해 보이지만 일단 아무것도 묻지 않고 부자를 도왔습니다. 본인들이 어려움에 처하게 될지도 모른다는 생각은 하지 않았습니다. 친구의 죄를 숨겨 주는 것이 바람직한 일은 아닙니다. 하지만 그 어떤 순간에도 서로를 믿고 무조건적인 지지를 보내 주는 친구가 있다는 건 정말 부러운 일이지요.

현대판 우정 테스트를 해 볼까요?

희큐쌤 오늘날 이 이야기처럼 우정을 테스트하려면 어떻게 하면 좋을까요? 이야기처럼 돼지 사체를 준비하는 건 아무래도 무리일 것 같은데요. 음…… '나와 함께 사업을 할 친구가 있는가?' 정도로 자문해 보는 건 어떨까요?

동업은 정말 어려운 일입니다. 사람들이 동업을 하는 이유는 사업에 필요한 돈과 노력을 나누기 위해서입니다. 만일 두 명이 함께 사업을 하면 부담해야 할 돈과 노력은 반으로 줄어들고, 효율은 두 배가 될 수 있습니다. 그런데 많은 사람들이 동업에 실패합니다. 사업이 잘되고 이익이 나기 시작함과 동시에 갈등이 생기기 때문입니다. 어떤 갈등이냐고요? 우선 동업자들이 서로를 의심하게 됩니다. 돈을 관리하는 사람이 정말 투명하게 돈을 운용하는지, 회사 돈을 정직하게 쓰고 있는지 의심하게 되는 것이지요. 또 이익을 어떻게 나눌 것인가에 관해서 의견이 엇갈리게 됩니다. 누가 더 많은 투자를 했고 누가 더 많이 일하는지와 같은 문제에 대해 서로 다른 생각을 하기 때문입니다. 각자 자신에게 유리한 쪽으로 생각하기 마련이라 문제는 점점 심각해지지요.

사업을 하기 전에 어떤 경우에도 이익을 똑같이 나누자는 약속을 하면 되지 않느냐고요? 그런 약속은 대체로 오래가지 못합니다. 억울한 마음이 생기기 때문입니다. '내가 더 많이 일하는데, 내가 더 큰돈을 벌어 오는데 왜 똑같이 나눠야 하지?' 하는 억울한 마음이 서로에 대한 믿음과 신뢰를 깨트리게 되는 것입니다.

제가 과거 오스트레일리아에서 간디학교 해외 이동 학습을 할 때의 일입니다. 오스트레일리아 브리즈번 근교 작은 마을에 있는 부동산 사무실을 찾아갔습니다. 간디학교 호주분교로 쓸 건물과 땅을 찾고 있었습니다. 길가에 있는 아담한 사무실이었는데 마음씨 착하게 보이는 60대 정도의 남자가 우리 일을 맡았지요. 며칠 뒤 다시 찾은 사무실에는 지난번 남자와 비슷한 연령의 다른 남자가 있었습니다. 며칠 뒤 다시 방문했을 때는 비슷한 연령의 또 다른 남자가 사무실을 지키고 있었습니다. 왜 매번 다른 사람이 있는 건지 궁금해 물었더니, 세 사람은 한 마을에서 나고 자란 친구들이라고 했습니다. 모두 은퇴한 뒤 소일 삼아 부동산 사무실을 차린 것이지요. 이것저것 궁금해진 저는 이익은 어떻게 나누는지 슬쩍 물어보았습니다. 그러자 그는 누가 이익을 내든지 상관없이 무조건 3분의 1로 나눈다고 답했습니다. 저는 이 상황이 신기했습니다. 세 사람 중 한 명은 아주 사교적이고 장사를 잘할 것처럼 보였고, 다른 한 명은 말이 없고 소심해 장사에 재능이 없어 보였기 때문입니다. 분명 서로 일하는 능력이 달라 성과에도 차이가 있을 것 같았거든요. 그래서 서로 성과에 따라 이익을 다르게 나누어야 하는 게 아니냐고 다시 물었습니다. 그러자 그는 누가 더 일하고 누가 더 많은 돈을 버는 건 중요하지 않다, 우리는 우정으로 함께 일하는 것이라고 대답했습니다.

저는 그 세 분이 참 좋은 우정을 가진 친구들이라고 생각합니다. 여러분에게도 이런 친구들이 있습니까?

서로를 얼마나 믿고 있나요?

희큐쌤 제가 들려준 이야기들의 핵심은 관계에 있어 무조건적인 믿음이 있는가 하는 점입니다. 내가 위기에 처하거나 곤경에 처했을 때 조건 없이 도와줄 사람들이 있는가? 이런 친구를 가졌느냐 아니냐 하는 것은 우리의 정서에 지대한 영향을 미칩니다. 자신을 조건 없이 믿어 준 친구를 가진 사람들은 그 믿음 덕분에 평생 자신감을 가지고 살아갈 수 있습니다.

인생에는 온갖 어려운 일들이 있습니다. 하지만 진정으로 조건을 따지지 않는 친구가 있다면 그 어려움도 쉬이 이겨 낼 수 있습니다. 믿음과 사랑은 자신감을 강화시켜 주기 때문입니다. 저도 이런 일을 겪었습니다. 제가 어려움과 비난에 몰렸을 때, 주위의 동료들이 하나둘 저를 떠났습니다. 심지어 오랫동안 우정을 나누었던 사람조차 말입니다. 하지만 그런 어려운 상황에서도 변함없이 저를 지지하고 도와준 친구들이 있었습니다. 역경과 시련을 통해서 진정한 친구를 발견할 수 있는 법이지요. 그래서 저 역시 그런 친구들에게 조건을 따지지 않습니다. 앞의 부자 이야기처럼 제 친구들에게 어려운 일이 생긴다면, 제가 할 수 있는 모든 도움을 아끼지 않을 것입니다. 이런 마음은 무조건적인 믿음과 사랑에서 나온답니다.

아리스토텔레스는 우정에는 세 가지 종류가 있다고 말했습니다. 첫째는 즐거움을 위한 우정, 둘째는 이익을 위한 비즈니스적인 우정, 셋째는 사랑으로써의 우정입니다.

즐거움을 위한 우정은 함께 시간을 보내면서 즐거움을 나누는 우정입니다. 함께 취미 생활을 하고 공부도 하는 친구들과의 우정이지요. 즐거움을 위한 우정은 내가 어려움에 처하거나 갈등을 겪을 때, 무조건적인 지지와 도움을 줄지 알 수 없습니다. 즐거움을 함께 나누는 가까운 사이이긴 하지만 무조건적이거나 헌신적인 사이인지는 알 수 없는 것입니다.

비즈니스적인 우정은 서로 이익이 되는 한에서 관계를 맺는 것입니다. 사업 상 만나서 식사를 하고 골프를 치고 즐겁게 시간을 보내지만 그것은 어디까지나 서로의 이익을 위해서입니다. 필요와 이익에 의해 협약을 맺은 사이인 것이지요. 이런 관계는 이익이 사라지면 우정도 사라집니다.

마지막으로 사랑으로써의 우정은 즐거움이나 이익과 상관없는 무조건적인 사랑입니다. 우리 인생에 가장 소중한 종류의 우정이지요. 우리에겐 무조건적인 우정이 필요합니다. 저는 여러분이 인생을 살아가면서 무조건적인 우정과 사랑을 갖길 바랍니다. 이것은 매우 중요한 인생의 보물입니다. 오늘 강의는 이것으로 마치겠습니다.

소현 선생님은 무조건적인 우정을 나눌 친구가 있으세요?

희큐쌤 있지만 몇 명 되지 않습니다. 아내 외에 3~4명 정도이지요.

미진   무조건적인 우정을 가지려면 어떻게 해야 할까요?

희큐쌤   무조건적인 우정을 나누는 친구를 가지려면 오랜 세월이 걸립니다. 수년간 이야기하고 만나면서 서로에 대해 이해하는 시간이 필요하지요. 진정한 우정을 갖고 싶다면 조건을 따지지 않고 상대를 대할 줄 알아야 합니다. 우정은 먼저 다가가고 마음을 열고 이익을 따지지 않고 지지하고 도움을 주는 과정을 통해 발전한답니다.

part 4

지식도 중요하지만
지혜는 더 중요해요

육체적으로나 정서적으로 건강하고 진정으로 자신이 원하는 것을 선택할 수 있는 자유인이라면, 분명 무엇인가에 대한 탐구를 시작할 것입니다. 인간은 본래 호기심과 배움의 존재이기 때문입니다. 그리고 그 자유인이 그릇된 교육이나 관습으로 인해 탐구를 중단하지 않는다면, 배움의 여행을 통해 지혜로운 사람으로 성장하게 될 것입니다.

언어를 사용할 때도
지혜가 필요해요

언어의 의미보다는 사용에 주목하라.

비트겐슈타인

희큐쌤　이번 강의에서는 인간이 가진 최고의 능력이라고 볼 수 있는 이성의 능력에 대해 이야기해 보고자 합니다. 프랑스의 철학자 블레즈 파스칼(Blaise Pascal, 1623~1662)은 '인간은 생각하는 갈대'라고 했습니다. 인간은 약하디약한 갈대이지만, 생각하는 갈대라는 것입니다. 인간이 가진 생각할 줄 아는 능력을 높이 사고 있는 것이지요.

예로부터 철학자들은 인간이 가장 인간다울 수 있는 것은 생각하는 힘 덕분이라고 했습니다. 생각하는 힘으로 인해 인간은 본능에서 벗어나 문명을 만들었고, 의식주를 해결하는 것에서 해방되어 문학·철학·과학·예술 등 지식과 문화를 창조해 왔습니다. 이 모든 것은 이성의 탁월성, 즉 지혜에서부터 기인했습니다. 앞으로 네 번의 강의를 통해서 서로 다른 지혜에 대해 이야기해 보려고 합니다. 첫 번째는 바로 언어와 관련된 지혜입니다.

인간은 무척이나 말이 많은 털 없는 원숭이?

희큐쌤 동물학자이자 생태학자인 데스몬드 모리스(Desmond Morris, 1928~)는 인간을 '무척이나 말이 많은 털 없는 원숭이'라고 정의했습니다. 인간은 참 말이 많습니다. 인간은 말로 인해 여러 오해를 쌓고, 다툼을 벌이고, 사건에 휘말리기도 합니다. 하지만 말이 있었기에 인간은 발전할 수 있었습니다. 말을 통해 많은 사람과 편리하게 의사소통할 수 있었고, 생각을 나눌 수 있었습니다. 나아가 말을 기록하기 위해 문자도 발명했습니다. 인간은 말과 문자 즉 언어로 생각을 기록할 수 있게 되면서 지식을 쌓게 되고, 그 지식을 다음 세대로 전달할 수 있었습니다. 이 과정을 통해 인간은 문명을 창조하고 이어 가고 있습니다.

그래서 인간을 '언어를 가진 동물'이라고 정의하기도 합니다. 인간과 같이 언어를 구사하는 동물은 없기 때문입니다. 언어는 사고의 도구입니다. 인간은 언어를 통해 개념을 표현할 수 있고 개념을 가지고 고도의 사고를 할 수 있습니다. 그래서 언어와 사고는 분리할 수 없습니다.

지혜로운 사람은 지혜롭게 언어를 사용할 줄 압니다. 언어와 관련하여 제가 배운 몇 가지를 나누고자 합니다. 가장 중요한 것은 언어를 사용할 때 그 맥락을 잘 살펴야 한다는 것입니다.

언어의 '의미'보다는 '사용'에 주목하세요

희큐쌤 '언어의 의미보다는 사용에 주목하라.'라는 말은 비트겐슈타인이 한 말입니다. 이 말의 뜻이 무엇인지 예를 들어 설명해 보겠습니다. 한 젊은이가 우연히 같은 동네에 사는 할아버지를 만나 인사를 했습니다.

"할아버지, 안녕하세요. 몸 건강히 잘 지내고 계시지요?"

그런데 할아버지는 여러 군데 몸이 좋지 않습니다. 만약 할아버지가 젊은이의 안부 인사를 언어 그대로 해석했다면 어떨까요? 자신의 아픈 곳에 대한 설명을 장황하게 늘어놓았다면요. 아마 젊은이는 다음부터 할아버지가 보이면 피하려고 할 겁니다. 마주치면 말이 길어지고 곤란해질 테니 말입니다. 하지만 그 할아버지가 지혜로운 사람이라면 이렇게 대답할 겁니다.

"난 잘 지내고 있지. 자넨 어떻게 지냈나?"

누군가와 대화할 때는 말의 맥락이나 말하는 이의 의도를 파악할 줄 아는 게 중요합니다. 우리는 종종 언어의 맥락을 생각하지 않고 의미로만 해석해 언쟁을 벌이곤 합니다.

이런 언어의 맥락과 의도를 비트겐슈타인은 '사용(use)'이라는 말로 표현했습니다. 마치 망치를 사용해서 못을 박듯이, 언어를 사용해서 무엇인가 한다는 겁니다. 우리가 언어를 통해 할 수 있는 일에 대해 알아볼까요?

우선 대화를 합니다. 재미있는 이야기를 들려주거나 농담을 하기도 하지요. 또 질문과 대답을 합니다. 때로는 거짓말도 합니다. 노래를 부르기도 하고 누군가에게 화를 내기도 합니다.

이처럼 수많은 언어의 사용법은 대표적으로 세 가지 용도로 나눌 수 있습니다.

- 정보 전달하기
- 감정 표현하기
- 부탁이나 명령하기

먼저 정보 전달하기에 대해서 자세히 살펴볼까요?

- 캄보디아의 수도는 프놈펜이다.
- 오스트레일리아의 수도는 시드니이다.

위와 같은 내용이 담긴 문장 혹은 말을 통해 우리는 정보를 전달

합니다. 특히 신문이나 뉴스는 우리에게 많은 정보를 전달해 주는 역할을 하지요. 정보 전달에 있어 그 결과는 언제나 참 아니면 거짓입니다. 제가 예로 든 두 문장은 어떤가요? 참인가요 거짓인가요?

희영 캄보디아의 수도는 프놈펜이고 호주의 수도는 시드니다. 둘 다 참인 것 같은데요?

관우 오스트레일리아의 수도는 시드니가 아니라 캔버라예요.

희큐쌤 네, 그렇습니다. 시드니는 오스트레일리아를 대표하는 큰 도시이지만 수도는 아닙니다. 그래서 제가 예로 든 문장 중 두 번째는 거짓이죠. 이와 같이 정보를 전달하는 언어 사용의 경우 그 결과는 참이거나 거짓이거나 둘 중 하나랍니다.

언어의 두 번째 용도는 감정 표현입니다. 우리는 언어를 통해 자신의 감정이나 정서를 표현합니다.

- 아버지를 떠나보낸 후 제 가슴은 갈기갈기 찢어져 버렸습니다.
- 내 마음은 하늘의 구름입니다.

위의 두 문장은 정보를 전달하는 문장이나 말과는 달리 참과 거짓을 구분하기 어렵습니다. 첫 번째 문장은 마음이 매우 아픈 자신의

누군가와 대화할 때는 말의 맥락이나
말하는 이의 의도를 파악할 줄 아는 게 중요합니다.
우리는 종종 언어의 맥락을 생각하지 않고 의미로만 해석해
언쟁을 벌이곤 합니다.

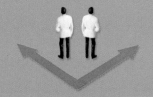

감정을 표현했고, 두 번째 문장은 내 마음이 구름처럼 자유롭다는 것을 표현하고 있습니다. 이런 의미를 파악하지 못하고 문장 그대로만 이해하는 사람은 엉뚱한 소리를 하기도 합니다. "가슴이 어디가 찢어졌어? 멀쩡한데?", "네 마음이 구름일 리가 없잖아." 이런 경우 불필요한 감정싸움과 갈등이 일어나기도 하지요. 누군가 언어를 통해 감정 표현을 했을 때, 사전적인 의미로만 해석할 것이 아니라 상대의 마음을 읽기 위해 노력해야 합니다.

세 번째 언어의 용도는 부탁이나 명령하기입니다.

• 창문을 열어 주시겠어요?
• 지금 청소 좀 해라.

첫 번째 문장은 부탁이며, 두 번째 문장은 명령입니다. 이러한 부탁이나 명령은, 정보 전달이나 감정의 표현과는 달리, 상대방이 어떤 행동을 하도록 하는데 그 목적이 있습니다.

언어의 사전적 의미보다는 맥락과 상황에 따라 적절한 반응을 하는 것이 중요하다는 게 비트겐슈타인의 주장입니다. 비트겐슈타인은 언어를 게임에 비유해 '언어 게임(language game)'이란 표현을 하기도 했습니다. 우리는 언어를 가지고 일종의 게임을 하고 있으며 게임에 규칙이 있듯이 언어에도 일종의 상호 합의된 규칙이 있다는 것입니다. 맥락을 파악하면 지혜롭게 언어를 사용할 수 있답니다.

아끼면 아낄수록 좋은, 말

`희큐쌤` 제가 지금까지 살아오면서 후회하는 일 중 하나는 하지 말아야 할 말을 실수로 내뱉은 일입니다. 대부분 화가 나 저 자신을 제어하지 못했을 경우였습니다. 하지만 화가 났다고 해서 아무 말이나 해도 되는 것은 아니지요. 말실수는 자칫 친구를 잃거나 경제적으로 큰 손해를 보는 등 돌이킬 수 없는 결과를 가져옵니다. 그래서 아무리 화가 난다고 해도 말을 하기 전에, 그 말이 가져올 결과에 대해 생각해 보아야 합니다. 내가 한 말이 가져올 결과를 감수할 수 있는지 없는지 판단해야 하는 것입니다.

예부터 성현들은 침묵에 관해서 많은 충고를 했습니다. 하지만 그 가르침대로 침묵을 실천하는 사람은 거의 없습니다. 미국의 정치가이자 과학자인 벤자민 프랭클린(Benjamin Franklin, 1706~1790)은 자신이 실현하고자 하는 13개의 덕목에 침묵을 포함시키고 있습니다. 그는 침묵에 대해 이렇게 말했습니다.

"사소한 대화를 피하라."

"타인이나 자신에게 이롭지 않은 말은 하지 말라."

말을 많이 하다 보면 실수를 하게 됩니다. 즉 타인이나 자신에게 이롭지 못한 말을 하게 되는 것입니다. 인도의 정치가 간디(Mahatma Gandhi, 1869~1948)는 자서전 서문에서 인간은 과장하거나 축소하는 버릇을 가지고 있어서 늘 경계하지 않으면 진리에서 멀어지게 된다고 말하고 있습니다. 그렇습니다. 가능한 말을 아끼고, 말을 할 때는 내 이익이나 자랑을 위해서 사실을 축소하거나 과장하는지 경계해야 합니다.

요점을 간략하게 정리하는 능력을 길러야 해요

희큐쌤   오래전 어느 학교 개교식에 참석했을 때의 일입니다. 3월 초 운동장에서 개교식이 열렸는데, 날씨가 무척이나 추웠습니다. 다들 추위에 떨고 있는 차에 축사가 시작됐습니다. 그런데 축사는 30분이 지나도록 끝나지 않았습니다. 날씨가 정말 매섭게 추워서 학생과 교사, 손님들 모두 힘든 시간을 보내야 했습니다. 개교식은 2시간이 지나서야 끝났습니다. 저는 그날 이후 일주일간 감기 몸살을 앓았습니다. 축사를 한 사람이 무척 원망스러웠습니다. 이렇게 날씨가 추운데 그렇게 긴 축사를 하다니…….

대안학교 관련 국제 심포지엄에서도 비슷한 경험을 했습니다. 국내외 많은 연사들이 정해진 시간에 따라 연설하게 되어 있었습니다. 그런데 한 교수님이 5분 정도 해야 할 축사를 30분 이상이나 했습니다. 정말 지루했고 어처구니가 없었습니다.

연설이나 축사는 물론 나의 의견을 많은 사람에게 전달하는 과정에서 길게 말하는 것은 큰 의미가 없습니다. 자신의 뜻을 간결하게 정리해 핵심을 효과적으로 전달하는 게 중요하지요. 그래서 평소에 간단명료하게 자기 생각을 전달하는 스피치 능력을 길러 두어야 합니다.

어디에 가서라도 자신의 생각을 간략하고 효과적으로 즐겁게 이야기할 줄 아는 것은 자신은 물론 타인을 위해서도 반드시 필요한 능력입니다. 이 능력은 많은 사람에게 관심을 받고 인기를 얻는 비결의 하나이기도 합니다.

다른 사람에 대한 험담은 위험해요

`희큐쌤` 인간이 가진 비극적인 습관 중에 하나는 다른 사람에 대한 험담을 자주 한다는 것입니다. 아무리 비밀스럽게 나눈 험담이라고 해도 결국 당사자의 귀에 들어가게 되고, 그로 인해 우정이나 사랑, 사업 관계가 악화되곤 합니다. 간디학교에서도 험담이 돌고 돌아 당사자에게 전달되는 것에서 여러 갈등이 시작되었습니다. 많은 학생들은 친구가 자신의 험담을 했다는 것에 분노하지만, 정작 본인도 험담을 하고 있다는 것은 인식하고 있지 않는 것 같습니다.

여러분 중에 평소 험담을 하지 않는 사람이 있다면 손을 들어 보세요. 아마도 없을 것 같은데, 저기 한 친구가 있네요. 사실 험담을 아예 하지 않는다는 건 불가능한 일일지도 모릅니다. 복잡한 인간관계 속에서 상대에 대한 불만이 없는 사람이 어디 있겠어요. 저 또한 종종 험담을 합니다. 사소한 험담은 스트레스를 해소하는데 도움을 주기도 하지요. 그런데 험담에도 정도가 있습니다. 상대를 인격적으로 모독해서는 안 되고, 사실 확인이 되지 않은 치명적인 소문을 사실인 양 말해서도 안 됩니다. 치명적이라는 것은 험담의 대상이 되는 사람의 명예를 크게 실추시키는 정도라고 볼 수 있습니다. 잘 이해가 안 된다고요? 입장을 바꾸어 생각해 보면 치명적인지 아닌지 쉽게 알 수 있습니다. 만약 내가 이 험담의 당사자라면 어떤 기분일지를 생각하면 되는 것입니다. 치명적인 험담은 심할 경우 범죄로 간주되어 형사 처벌을 받을 수도 있습니다.

이와 관련된 아주 심각한 사례를 이야기해 보겠습니다. 한 어린이가 어느 교사를 험담할 목적으로 거짓말을 했습니다. 자신이 미워하는 친구를 예뻐하는 것에 질투가 났기 때문이었습니다. 그 험담은 아주 치명적이었습니다. 교사가 성추행을 했다는 내용이었거든요. 이 말을 들은 아이 중 한 명이 부모에게 이야기했고, 교사는 경찰 조사를 받게 되었습니다. 처음 경찰은 어린이가 일부러 그런 거짓말을 할 리 없다며 교사를 믿지 않았습니다. 하지만 아이가 의심스러운 불안 증상을 보이는 것을 이상하게 여기고, 어린이라도 파괴적인 거짓말을 할 수 있다는 생각을 가진 경찰의 조사 덕분에 진실이 밝혀졌지요.

하지만 그렇다고 그 교사에게 가해진 고통과 상처가 사라진 것은 아니었습니다. 교사는 끝내 학교를 떠났습니다. 깊게 생각하지 않고 내뱉은 험담이 낳은 비극이었습니다.

말은 언제나 과하지 않도록 주의해야 하지만, 남에 대한 부정적인 이야기는 특히 더 조심해야 합니다. 오늘 강의는 여기까지입니다. 언어를 사용할 때의 지혜에 대해 이야기했지요. 맥락을 파악하는 것, 요점을 간략하게 정리할 줄 아는 것, 가능한 말을 아끼는 것, 험담의 위험성에 대한 내용이었습니다.

도연 말을 하다 보면 자꾸 더 하고 싶은 말이 생각나고 그러다 보면 말이 길어지고 하지 않아도 될 말까지 하게 되는 것 같아요. 요점을 간략하게 이야기하려면 어떻게 해야 할까요?

희큐쌤 많은 훈련이 필요합니다. 우선 핵심 사항을 메모해 두는 게 좋습니다. 생각을 먼저 정리해야 한다는 뜻입니다. 생각이 정리되면 조리 있게 말할 수 있지요. 생각이 정리되지 않은 상태에서 이야기하면 말이 길어지고 지루해 진답니다.

경희 자신이나 타인을 위해 좋은 이야기가 아니면 하지 말라는 벤자민 프랭클린의 생각에 동의해요. 그런데 그걸 실천하는 게 너무 어려워요. 이야기를 나누다 보면 자칫 과장하거나 지어내게 되고, 자랑을 하거나, 다른 사람의 험담을 하게 돼요.

희큐쌤 인간의 최대 약점 가운데 하나가 말실수입니다. 이런 약점을 고치기 위해서 묵언 수행을 하기도 합니다. 말실수를 줄이기 위해 아예 한동안 말을 하지 않는 것이지요. 스스로 말이 많고 말실수도 하는 편이라고 생각된다면, 최대한 말을 적게 하는 습관을 길러야 합니다. 말이 많아지는 이유 가운데 자기를 내세우고 싶은 욕망이 있다고 생각합니다. 자랑을 하다 보면 사실을 부풀리고 과장하게 되지요. 남에게 자신을 내세우고자 하는 욕망을 경계하고 조심하는 일도 말실수를 줄이는 데 도움이 될 것입니다.

지혜롭게 자기 발견을
이루어 내는 방법

희큐쌤   오늘은 자기 발견의 지혜에 관해서 생각해 보겠습니다. 자기 발견이란 내가 누구인지, 내가 무엇을 좋아하고 무엇에 재능이 있는지 아는 것을 의미합니다. 사람은 누구나 다르게 태어납니다. 좋아하는 것도 다르고 재능도 다릅니다. 하지만 많은 사람들은 여러 가지 이유로 자신이 좋아하는 분야를 찾지 못하고, 재능을 발견하지 못한 채 살아갑니다. 그래서 행복하지 않습니다. 자신이 진정 좋아하는 일을 하며 살아갈 때 인간은 행복을 느끼기 때문입니다.

배움에는 그 어떤 순서도 없어요

희큐쌤 ▸ 지금부터 들려줄 이야기는 『10대 너의 배움에 주인이 되어라』에서 잠시 언급했던 내용입니다. 저와 함께 기억을 되살려 볼까요? 여러분이 놀이공원에 갔다고 해 봅시다. 놀이공원에는 1번~50번까지의 놀이 기구가 있습니다. 하지만 놀 수 있는 시간이 한정되어 있어 모든 놀이 기구를 탈 수는 없습니다. 이럴 경우 여러분은 어떤 방법으로 놀이 기구를 탈 건가요? 1번 놀이 기구부터 순서대로? 선생님이나 부모님이 정해 주는 대로? 아니면 원하는 놀이 기구부터? 여러분이 바보가 아니라면 1번부터 순서대로 놀이 기구를 타지는 않을 겁니다. 즐거우려고 놀이공원에 온 건데, 그렇게 하면 별로 즐겁지 않을 테니까요. 부모나 교사가 정해 준 놀이 기구를 타는 것도 좋은 선택이 아닙니다. 부모나 교사가 좋아하는 놀이 기구와 여러분이 좋아하는 놀이 기구가 다를 것이기 때문입니다. 대부분 사람들은 놀이공원에 가면 자신이 좋아하는 놀이 기구부터 탑니다. 그게 가장 즐겁기 때문입니다.

우리의 인생은 놀이공원에서 즐길 수 있는 시간처럼 한정되어 있습니다. 특히 배움에 열중할 수 있는 시간은 그리 많지 않습니다. 물론 인간은 평생 배워야 하는 존재이지만, 배움에 몰두할 수 있는 시간은 나이가 들수록 줄어드는 게 사실입니다. 직장에 다니고, 결혼을 하고, 아이가 생기면 배움에 몰두하기가 점점 어려워집니다. 그

리 길지 않은 인간의 삶과, 배움에 몰두하기 어려워지는 현실. 이를 감안할 때 배움에 있어 시간을 가장 유익하게 활용하는 방법은 자신이 좋아하는 것부터 배우는 것입니다. 이 논리에 따르면 배움에는 일정한 순서가 없다는 결론을 얻을 수 있습니다. 개인에 따라 배우고 싶은 것이 모두 다르기에 순서를 매길 수 없는 것입니다.

하지만 사회는 이를 인정하지 않는 것 같습니다. 나이에 따라서 배워야 할 것을 정해 두고 있으니까요. 사회는 초등학교 1학년부터 고등학교 3학년까지 나이에 따라 배워야 할 것을 정해 두고 의무적으로 배우게 합니다. 이 배움의 순서에 따라가지 못하거나 순서를 거부하는 아이들에게는 질책이 따릅니다. 열등생, 문제라는 평가를 받기도 합니다. 현대의 대부분 국가들은 이런 방식으로 배움을 표준화하여 교육하고 있습니다. 물론 이런 교육 정책은 문맹을 없애고, 교육받을 권리를 보장한다는 점에서 반드시 필요한 제도입니다. 하지만 근원적으로 볼 때 개인이 원하는 것을 배우게 하는 것이 옳다는 이야기를 하고 싶습니다. 스스로 원하는 것을 배울 때 배움의 효과가 가장 크고, 배움에 대한 책임감도 높아지기 때문입니다.

배움에 순서를 두고 있는 공교육을 보완하기 위해서는 다른 선택을 할 수 있도록 해 주어야 합니다. 그 예가 바로 대안학교나 홈스쿨링입니다.

인간은 배우고 싶으면 언제든지 무엇이라도 배울 수 있습니다. 이런 맥락에서 대안교육이나 홈스쿨링 등은 공교육의 보완책이 아니라 교육의 새로운 패러다임 모색이라고 볼 수 있습니다. 놀이공원에서 무엇을 하든 상관없이 하루를 즐기면 되듯이, 배움과 교육도 장소나 시간에 구애됨 없이 자신이 배우고 싶은 것을 배우면 되는 것으로 새롭게 인식할 필요가 있다는 것입니다. 이것은 '교육=학교 교육'이라는 고정 관념을 넘어서야 하는 것을 뜻합니다. 오프라 윈프리의 말처럼 '지구는 우리의 대학이고 인생이 우리의 교실'이기 때문입니다.

벼락 맞은 의사의 이야기

희큐쌤 미국의 한 의사에게 일어난 일입니다. 그는 어린 시절부터 공부를 잘했고, 의학대학원을 졸업해 의사가 되었습니다. 그는 실력과 경험을 고루 갖춘 의사로 인정받았습니다. 그러던 어느 날 이 의사는 왕진을 가던 중 벼락을 맞고 말았습니다. 혼수상태에 빠졌던 그는 겨우 정신을 차렸지만 기억을 잃고 말았습니다. 몇 개월 치료를 통해 조금씩 기억이 돌아오고 있던 시점, 그의 귀에 노랫소리가 들리기 시작했습니다. 그는 끊임없는 들려오는 노랫소리에 어찌 할 바 몰랐습니다. 그러다 음악가를 찾아갔습니다.

"선생님, 노랫소리가 끊이지 않고 들려옵니다. 어떻게 해야 할지 모르겠어요. 제게 들리는 노랫소리를 악보에 옮길 수 있는 방법을 가르쳐 주세요."

의사는 2~3년에 걸쳐 작곡 공부를 했습니다. 그 뒤로 그는 음악가로서 새로운 삶을 시작하게 되었지요. 그의 귓가에 들리던 노랫소리는 미처 알지 못했던 그의 잠재된 능력이었던 것입니다. 만일 이의사가 벼락을 맞고 기억 상실에 걸리지 않았다면 평생 의사로 살았을 것입니다. 하지만 아주 우연한 사고를 통해 타고난 재능과 적성을 발견하게 된 것이지요.

이 이야기는 자신이 누구인지, 어떤 재능이 있는지 알기가 어렵다는 것을 말해 주고 있습니다. 이 의사는 전형적인 모범생이었습니다. 공부를 잘했고 잘하는 것을 열심히 했습니다. 하지만 잘하는 것과 좋아하는 것은 다를 수 있습니다.

혼다 켄은 『돈과 인생의 비밀』이라는 책에서 "주위에서 바라는 것을 잘 해내는 인생을 살아왔다면 자신이 어떤 사람인지 모르는 것이 당연하다. 자신이 좋아하는 일을 하면서 사는 인생을 상상조차 할수 없을 것이다."라고 했습니다.

어쩌면 저 또한 이 의사와 같은 삶을 살았을 지도 모르겠습니다. 잘하는 것을 주로 하면서 좋아하는 일을 모르고 살았던 겁니다. 지금도가장 자신이 없는 부분이 바로 자기 발견에 대한 물음입니다. "이것이네가 진정 원하는 삶이냐?"라는 물음에 쉽게 대답할 수가 없는 것이지요. 그런 안타까움 때문에 학생들에게 늘 배움의 기쁨과 자기 발견의 중요성을 강조하고 그에 초점을 맞추어 강의하려고 노력합니다.

좋아하는 일에 열중할 줄 아는 톰의 이야기

희큐쌤 영국의 교육가 알렉산더 닐(Alexander Sutherland Neill, 1883~1973)이 1921년에 설립한 대안학교 서머힐의 졸업생 가운데 한 명인 톰에 대한 이야기입니다. 톰은 5세 때 서머힐에 왔고 17세에 떠났습니다. 톰은 이 오랜 기간 동안 단 한 번도 수업에 들어온 적이 없다고 합니다. 톰은 대부분의 시간을 공작실에서 보냈고, 톰의 부모는 톰의 장래에 대해 크게 불안해했습니다. 톰이 9세가 되던 해 닐은 깜짝 놀랐습니다. 톰이 소설을 읽고 있었기 때문입니다.

"누가 네게 글을 가르쳐 주었니?"

"혼자 배웠어요."

몇 년이 지난 뒤 톰은 닐을 찾아와 분수의 덧셈 방법을 물었습니다. 어떤 흥미로운 일을 하는 데에 분수 계산이 필요했던 것 같았습니다.

톰은 서머힐을 졸업한 뒤 영화 촬영소에서 촬영 기사로 일하게 되었습니다. 닐은 우연히 그 영화 촬영소의 사장을 만나게 되었습니다. 닐은 사장에게 톰에 대해 물었습니다. 그러자 사장은 지금까지 자신이 만난 직원 가운데 가장 멋진 직원이 톰이라고 칭찬했습니다. 언제나 일에 열중해 있으며, 일에 열중한 나머지 주말에도 촬영소를 떠나고 싶어 하지 않는다고 말입니다.

톰은 서머힐이라는 자유로운 환경 속에서 자신이 하고 싶은 일들을 스스로 발견하고 공부했던 것처럼, 같은 방법으로 일에 몰두

했던 것입니다. 톰의 이야기는 자기 발견의 좋은 사례로 볼 수 있겠지요?

수학 천재들의 이야기

희큐쌤   많은 학생들은 수학을 잘하고 싶어 합니다. 수학을 잘하는 사람이 머리 좋은 사람이라는 생각을 가지고 있고, 수학을 잘해야 좋은 대학에 갈 확률이 높아지기 때문입니다. 많은 부모들은 자신의 자녀가 수학이나 과학의 천재였으면 하고 은근한 희망을 가집니다. 천재 수학자, 천재 과학자가 되어 사회에 기여하고 성공한 삶을 살기를 바라기 때문입니다.

저의 미국 유학 시절 친구를 소개하려고 합니다. 그 친구의 이름은 에릭 해머입니다. 에릭은 수학을 아주 잘했습니다. 수학 천재로 여겨질 정도였지요. 그는 3세 때부터 수학 문제 푸는 것이 취미였다고 했습니다. 에릭은 거의 대부분의 시간을 수학 문제를 풀거나 수학 원리를 배우는 데 썼으며, 진정으로 수학을 즐기고 있었습니다.

우리가 공부했던 학교는 수학과 과학을 중요하게 여겨, 철학도 수학과 과학에 연계해 연구하도록 했습니다. 한마디로 철학과에서 수학을 많이 공부한다는 거죠. 한번은 기호 논리학 시험에서, 수학 문제를 증명하라고 했습니다. 저는 이 시험이 정말 어려웠습니다. 세 시간에 걸쳐 까다로운 증명 과정을 서술했지요.

　그런데 저만치 앉아 있던 에릭은 한 시간 내내 연필만 돌리고 있었습니다. 그러더니 한 시간이 지날 무렵부터 무언가를 적어 내려갔습니다. 10여 분이 지났을까, 에릭은 교수에게 답을 제출하고 강의실을 나갔습니다.

　시험 결과는 어떻게 됐을까요? 세 시간 내내 조금의 휴식도 없이 10여 쪽 분량으로 답을 써 낸 저는 85점을 받았습니다. 그런데 10분 만에 휘리릭 답을 쓰고 나간 에릭은 100점을 받았습니다. 자존심을 무릅쓰고 에릭에게 물었습니다.

　"난 이 과정이 잘 이해가 안 돼. 여기에서 다음 단계로 넘어가는 것 좀 설명해 줄래?"

　"그건 자명(self-evident)한 거 아니야?"

　에릭은 저를 이상하다는 눈으로 바라보며 말했습니다. 설명할 필요 없이 그 자체로 분명하다는 것이었죠. 마치 '1+1=2'라는 결과가 너무 쉬워서 설명할 필요가 없다 생각하는 것처럼 말입니다.

　그 순간 저는 절대로 수학에 있어 에릭과 경쟁할 수 없다는 것을 깨달았습니다. 아무리 노력해도 에릭보다 수학을 잘할 수 없다고 인정한 것입니다. 슬픈 현실이라고요? 절대 그렇지 않습니다. 이것은 해방이었습니다. 제가 에릭과 수학으로 경쟁하는 것은 바보 같은 짓이며, 다른 말로 저는 제가 잘할 수 있는 다른 것을 찾으면 된다는 것이었지요.

그런데 에릭에게는 한 가지 놀라운 비밀이 있었습니다. 에릭의 여자 친구가 제게 몰래 이야기해 준 비밀이었지요.

"에릭은 말이야. 어떤 유머를 들어도 절대 웃지 않아."

에릭은 보통 사람과 사고방식이 달랐습니다. 모든 것을 수학과 논리로 파악했습니다. 그래서 유머를 들으면 논리적으로 분석하게 되고, 모든 유머는 논리적으로 문제가 있다고 생각합니다.(그것 때문에 사람들이 웃는 것인데) 에릭에게 유머는 전혀 우습지 않고, 그저 고쳐야 할 논리적 결함입니다. 에릭은 평생 유머를 즐길 수 없는 사람인 것입니다.

영국의 천재 수학자이자 철학자인 버트런드 러셀(Bertrand Russell, 1872~1970)에 대한 이야기도 해 줄게요. 그는 수학 천재였지만, 20세 이후 심한 우울증을 앓아 늘 자살을 생각했다고 합니다. 자살의 유혹에서 그를 구한 것은 '오늘 수학 문제 하나만 더 풀고 내일 죽자.'라는 생각이었다고 합니다.

수학 천재들은 대개 10대 후반에 두각을 드러냅니다. 20세가 되기 전에 세계적으로 인정받는 논문을 내는 경우가 많습니다. 하지만 지나치게 논리적인 두뇌 구조로 인해 우울증을 앓는 경우가 많다고 합니다. 사소한 일에도 흥분하고, 사춘기로 마음앓이도 하면서 10대를 보내야 하는데 그들은 그렇지 못합니다. 지나치게 논리적이기 때문입니다.

이런 천재들은 어느 분야에 있어 업적을 쌓고 인류 발전에 기여하

인간의 삶과 사회는
어느 한 분야에 대한 천재성만으로 살아 낼 수 있는 것이 아닙니다.
저마다 상황에 따른 통찰력과 지혜가 필요합니다.
그래서 운동, 음악, 미술, 자연과의 교감, 인간에 대한 이해, 자기반성 등
다양한 종류의 지능을 발달시켜야 하고 배워야 합니다.

는 측면은 있지만 개인적으로 보면 안타까운 경우가 많습니다.

인간의 삶과 사회는 어느 한 분야에 대한 천재성만으로 살아 낼 수 있는 것이 아닙니다. 저마다 상황에 따른 통찰력과 지혜가 필요합니다. 그래서 운동, 음악, 미술, 자연과의 교감, 인간에 대한 이해, 자기반성 등 다양한 종류의 지능을 계발해야 합니다.

저는 요즘 학생들이 지나치게 학업에 열중하는 것이 무척 안타깝습니다. 인생에서 공부가 분명 중요한 요소이지만, 그것이 전부가 되어서는 안 됩니다. 최대한 많은 것을 보고 느끼며 자신이 좋아하는 것을 찾아 배우고, 그 배움의 여행을 통해 자기 발견에 이르러야 하기 때문입니다.

저는 이번 강의를 오프라 윈프리의 자기 발견에 관한 이야기로 끝내고자 합니다. 오프라 윈프리는 2008년 미국 스탠퍼드 대학 연설에서 이렇게 말했습니다.

"토크 쇼를 진행하는 순간 제대로 살아 숨 쉬는 듯한 느낌을 받았습니다. 바로 그 순간 내 인생이 제대로 시작된 것이지요. 그 경험으로 저는 교훈을 얻었습니다. 운명과 같은 일에 맞닿을 때는 '바로 이거야!' 하는 느낌이 든다는 것을 말이에요. 그 느낌을 얻고 나면 하루하루가 보너스가 됩니다."

여러분은 어떤가요? 언젠가 여러분도 '바로 이거야!'라는 생각이 드는 일을 만나게 될 거예요. 그러기 위해서는 자기를 발견하려는 노력을 꾸준히 해야 합니다.

관우 공부를 잘하는 학생이 자신이 좋아하는 일을 발견하기가 더 어렵다고 하셨잖아요. 공부를 잘하면 걱정이 없을 거라고 생각했는데, 그렇지 않은 것 같아 놀라웠어요. 그런데요, 공부를 못하는 학생의 경우 자신감이 떨어지고, 자존감도 부족해 의욕을 잃는 경우가 많아요. 그래서 포기하게 되고 결국 좋아하는 일을 찾지 못하게 되는 것 같은데 어떻게 생각하세요?

희큐쌤 그래서 건강한 인생관이 반드시 필요합니다. 공부를 잘하든 못하든 자신이 좋아하는 일을 찾아 즐겁게 하고, 계속해서 배워나가는 인생을 살아야 하는 것이지요.

철희 좋아하는 일을 찾으면 모든 것이 해결되는 걸까요? 그 일을 정말 좋아하지만 돈을 벌기 힘들어 가난하게 산다면, 결국엔 불행하다고 생각하게 될 것 같아요. 좋아하는 일을 찾은 삶은 반드시 행복한 삶, 성공한 삶일까요?

희큐쌤 좋은 질문입니다. 철희가 말하는 성공이 어느 분야에서 두드러진 업적이나 성취를 이루어서 명예와 부를 얻게 되는 일을 말하는 것 같은데, 맞나요?

철희 네, 맞아요. 사실 저도 성공하고 싶고요.

희큐쌤 성공과 행복은 다른 개념입니다. 성공은 행복과 달리 경쟁의 법칙을 따르지요. 즉 성공은 소수만이 얻을 수 있어요. 타고난 재능, 피나는 노력, 여러 가지 눈에 보이지 않는 행운이 어우러져야 성공에 이를 수 있지요. 그래서 자신이 좋아하는 일을 한다고 해서 성공한다는 보장은 없습니다.

철희 성공한다는 보장도 없는데, 왜 좋아하는 일을 해야 해요? 좋아하는 일을 하면 어떤 혜택을 얻을 수 있나요?

희큐쌤 행복이라는 혜택을 받습니다. 자신이 좋아하는 일을 찾은 사람은 행복의 큰 부분을 이룬 것이나 다름없거든요. 행복의 중요한 요소 가운데 하나가 지혜이고, 지혜의 기초 중의 하나가 자기 발견이니까 말이에요.

은주 자기 발견을 하면, 지혜는 절로 얻어지는 건가요?

희큐쌤 그건 아니에요. 지혜로운 사람이 되기 위해서는 많은 노력이 필요해요. 대신 자신이 좋아하는 일을 할 때는 억지 노력을 할 필요가 없다는 게 달라요. 좋아하지 않는 일을 할 때는 하기 싫은 걸 참고 억지로 노력해야 하잖아요. 자신이 좋아하는 일이니까 쉽게 몰두하고 배울 수 있지요.

세계적으로 성공한 사람들의 비결을 분석한 결과, 성공하기 위해서는 재능, 노력, 행운 세 가지 요소가 반드시 필요하다고 해요. 그런데 아무리 천재라고 해도 최소한 1만 시간 정도의 노력을 기울여야 성공에 이를 수 있어요. 하루에 3~4시간씩 10년을 매일같이 노력해야 한다는 것이지요. 쉽게 설명하면 타고난 재능을 가진 사람(천재)이 1만 시간 정도 노력하면 세계적인 수준의 능력을 갖추게 된다는 뜻입니다.

　보통의 능력을 가진 사람도 1만 시간 노력하면 세계적인 수준의 능력을 가질 수 있을까요? 그렇지 않습니다. 자기 발견이 된 사람은 그렇지 않은 사람에 비해 노력하기가 훨씬 쉬워서 탁월성에 도달하기도 더 쉽습니다. 하지만 모든 것을 배우는 과정에는 고통과 역경이 따릅니다. 이 고통에 대응하는 성숙한 태도와 의지력, 또 노력이 없으면 어떤 성취나 탁월성에 도달할 수 없답니다.

　지연　타고난 재능이 부족한 사람이 2만 시간 노력을 기울인다면 탁월성에 도달할 수 있을까요? 그런데 그렇게 노력하는 데만 집중하다가 친구나 가족을 소홀히 하게 되고, 인간관계를 망치게 되면 어쩌지요? 지혜는 증진시켰지만 사랑을 잃어서, 결국 행복하지 않을 수도 있잖아요.

　희큐쌤　그것 재미있는 질문입니다. 사실 그런 경우도 있습니다. 지혜는 발달하지만 사랑은 소홀히 하는 경우, 혹은 그 반대의 경우가

분명 존재하지요. 그래서 하나의 가치나 목표에만 집중하는 건 바람
직하다고 볼 수 없어요. 스스로 잘 판단해 균형을 맞추어야 하지요.
행복의 조건이 딱 한 가지가 아닌 것도 이와 같은 이유랍니다.

강의 12

판단력이 좋다는 건
우선순위를 정할 줄 안다는 거예요

시간 부족은 사실상 우선순위의 부족이다.

피터 드러커

희큐쌤 이번 강의에서는 실생활에서 꼭 필요한 지혜의 능력인 판
단력과 우선순위에 대해 이야기하려고 해요. 어떤 친구들은 판단력
이 좋은데, 어떤 친구들은 판단력이 떨어집니다. 자세히 살펴보면
판단력이 좋은 사람은 공통된 특징을 가지고 있어요. 그건 바로 우
선순위를 정할 줄 안다는 거예요. 어떤 일이 더 중요한지 먼저 파악
하고 중요한 일부터 에너지와 시간을 쏟는 것이지요. 판단력이 떨어
지는 사람은 중요하지 않은 사소한 일에 많은 에너지와 시간을 소비
합니다. 그러다 보니 당연히 우선순위를 정할 줄 아는 사람이 그렇
지 않은 사람보다 더 좋은 인생을 살게 되지요.

자, 여러분이 오늘 하루 할 일들을 적어 봅시다. 영어 공부, 수학

공부, 운동, 방 청소, 친구나 가족과 대화하기, TV 보기 등. 할 일을 모두 열거하자면 끝이 없을 거예요. 우리는 대부분 이 모든 일을 다 하지는 못합니다. 그러면서 시간이 없다는 핑계를 대곤 하지요. 그런데 정말 시간이 부족한 걸까요?

깊이 생각해 보면 시간이 부족한 게 아니라, 우선순위를 결정하지 못한 때문입니다. 중요도에 상관없이 모든 것을 하려고 하니 정작 중요한 일을 하지 못하게 된다는 것이지요. 저는 평생 중요하지 않은 일들로 바쁘게 살다가 인생을 마치는 사람을 '어리석은 사람'이라고 생각합니다. 그렇게 살다가 죽음에 가까워지면 중요한 일을 하지 못한 것을 무척이나 후회하게 되겠지요.

저도 오랜 세월 우선순위를 제대로 정하지 못해 늘 시간이 부족했습니다. 사소한 일로 인해 인생의 중대한 것들을 놓치고 후회한 적도 많았습니다. 그렇게 많은 시행착오를 겪은 뒤에야 우선순위의 법칙을 배울 수 있었습니다. 우선순위가 왜 중요한지 알기 위해 '파레토의 법칙'에 대해 설명하겠습니다.

8:2의 법칙, 파레토의 법칙(Pareto's Principle)

희큐쌤 이탈리아의 경제학자인 파레토(Vilfredo Pareto, 1848~1923)는 전체 중에서 중요한 것이 차지하는 비율은 아주 낮다고 했다고 했습니다. 파레토의 법칙을 쉽게 표현해서 '8:2의 법칙'이라고 부르기도 합니다. 전체가 10이라면 중요한 것은 2에 불과하다는 뜻입니다.

예를 들어 볼까요? 어느 학급 20%의 학생이 그 반 결석률의 80%를 차지합니다. 어느 학급 20%의 학생이 담임 교사가 그 반 학생들을 위해 사용하는 시간 80%를 차지합니다. 회의를 하면 전체 참석자 중 20%의 사람이 80% 이상의 이야기를 합니다. 어느 회사 20% 직원이 판매 실적의 80%를 해냅니다. 이와 같이 파레토의 법칙, 혹은 8:2의 법칙은 삶의 거의 모든 영역에 드러나게 됩니다.

파레토의 법칙은 시간을 어떻게 현명하게 사용할 것인가, 특히 많은 일들이 있을 때 어떻게 처리해야 하는가를 판단할 때 도움을 줍니다. 현대 사회는 정말 바쁘게 돌아가고 현대인들은 해야 할 일들이 많습니다. 이때 우선순위 없이 일을 하다 보면 늘 후회가 따르고, 중요한 것을 놓치게 됩니다.

가장 어려운 일이나 시험 과목을 맨 뒤 순서에 두었다가, 시간이 모자라 그 일과 공부에 손을 대지 못하는 경우처럼 말입니다. 중요한 것을 놓치는 것 중에는 돌이킬 수 없는 일들도 있습니다. 조부모님을 찾아뵈어야지 생각했지만 차일피일 미루다 영원히 뵙지 못하게 된다거나, 일에 쫓겨 건강 검진을 하지 않다가 치료 시기를 놓치는 경우가 그 예이지요.

그래서 시간이 부족하고 바쁠수록 더욱더 우선순위가 중요합니다. 여러 가지 해야 할 일 중에서 가장 중요한 두세 가지만이라도 제대로 행하는 것이 나의 인생에 더 도움이 된답니다. 한마디로 요약하겠습니다. 파레토의 법칙이 우리에게 전하는 인생의 지혜는 바로 이겁니다.

• 가장 중요한 두세 가지를 선택하고 집중해서 주어진 과제를 완성하라!

다른 남은 일을 하지 못한 것에 죄책감을 가질 필요는 없습니다. 인생은 결코 완벽할 수 없습니다. 많은 일 가운데 중요하게 생각하는 것이라도 해낼 수 있다면, 그것은 멋진 인생입니다. 너무 많은 해야 할 일들에 직면하여 고민이 될 때마다 파레토의 법칙을 기억하세요. 사소한 일들 때문에 에너지를 빼앗기지 않도록 말이에요.

우선순위를 정하는 첫 단계는 분류예요

희큐쌤   그런데 우선순위를 어떻게 정하면 좋을까요? 먼저 어떤 일이 중요하고 어떤 일이 사소한지 분류해 볼까요?

① 급하고 중요한 일
당장 혹은 가까운 미래에 반드시 해야 할 일들입니다. 며칠 뒤에

인생은 결코 완벽할 수 없습니다.

많은 일 가운데 중요하게 생각하는 것이라도 해낼 수 있다면,

그것은 멋진 인생입니다.

시험을 치른다면, 지금 이 순간 가장 급하고 중요한 일은 시험공부를 하는 것입니다. 1시간 뒤에 조별 과제 발표가 있다면 가장 급하고 중요한 일은 발표 준비를 하는 것이겠죠.

만약 집에 불이 났다면 가장 급하고 중요한 일은 무엇일까요? 빨리 불을 끄거나 소방서에 신고하는 일일 거예요. 이처럼 급하고 중요한 일에 대해서는 우선순위를 정하기가 쉽습니다.

② 급하지 않지만 중요한 일

몇 주 뒤에 대학 수학 능력 시험이 있다고 해 봅시다. 이 시험은 인생에 있어 큰 영향을 미치는 급하고 중요한 과제이지요. 하지만 수학 능력 시험이 3년 뒤라고 한다면 어떨까요? 중요하기는 하지만 급한 과제는 아니라고 판단할 수 있겠지요.

우선순위를 정함에 있어 가장 어려운 것이 바로 이 종류의 일입니다. 그래서 우선순위와 관련된 문제들은 주로 여기서 일어납니다. 사실 인생에 있어 중대한 것들은 대부분 급한 일들이 아닙니다. 그것들은 오늘 해도 좋고 내일 해도 좋고 몇 개월 후에 해도 좋습니다. 그러다 보니 이런 일들은 영원히 미루어지기도 합니다. 실제 행동으로 이어지지 않는다는 것입니다. 그리고 난 뒤 인간은 하지 않은 일에 대해 후회하곤 하지요.

기한이 정해진 공모전 준비를 미루다가 참가해 보지도 못하는 일, 살짝 금이 간 치아의 치료를 미루다가 치아가 완전히 깨져 후회하는 일, 건강 검진을 게을리하다가 치료 시기를 놓치는 일 등처럼 말이에요.

이런 종류의 일들은 행동을 시작하지 않으면 영원히 미뤄질 가능성이 높은 일들입니다. 따라서 급하지 않지만 중요한 일에 대해서는 구체적으로 행동을 시작할 시기를 미리 정해 두는 것이 좋습니다.

③ 급하지만 중요하지 않은 일

이 종류에 속하는 일들은 즉각적인 행동을 요구하는 것들입니다. 그러나 그것들을 깊이 객관적으로 살펴보면 우선순위에서 중요한 위치를 차지하는 것들이 아니지요.

친구가 옷을 사러 가자고 합니다. 동생이 얼마 전 개봉한 영화를 보러 가자고 합니다. 이런 일들은 객관적으로 보았을 때 우선순위가 낮은 일입니다. 그런데 친구와 동생이 눈앞에서 대답을 기다리고 있다면, 거절하기가 곤란한 것이 사실입니다. 그러다 보니 지금 해야 할 중요한 일이 있음에도 이 일들을 하게 됩니다. 이 상황이 급하지 않지만 중요한 일을 제쳐 두고, 급하지만 중요하지 않은 일을 행하는 때입니다. 그리고 이것이 바로 우리가 인생에서 쉽게 범하는 실수이지요.

이런 실수로 인해서 중요한 일들이 한없이 미루어지고 그 때문에 진정 필요한 소중한 일을 잃게 되는 것입니다.

여러분 잘 생각해 보세요. 늘 바쁘게 산 것 같은데, 정작 중요한 일은 하지 못한 경험이 없나요? 여러분만 그런 게 아니라 어른들도 마찬가지입니다. 저는 치과에 가는 것을 미루다가 치아 하나를 완전히 잃은 경험이 있고, 친구의 문병을 미루던 중 세상을 떠났다는 소식을 듣고 후회한 적도 있습니다.

급하지만 중요하지 않은 일을 행하기 전에 조금만 깊이 생각해 보세요. 후회 없는 내 삶을 위해 지금 당장 해야 할 일이 무엇일지 고민해 보세요. 후회 없는 삶을 살기 위해서, 행복한 삶을 살기 위해서는 우선순위를 정할 줄 아는 지혜를 가져야 한답니다.

④ 급하지도 중요하지도 않은 일

사실 수많은 일들이 이 종류에 속합니다. 그런데 우리는 중요한 일을 하기 전에 이런 일들을 하는 경우가 종종 있습니다. 그 이유는 이런 일들은 지금 이 순간 무언가 하고 있다는 느낌을 갖게 하기 때문이에요. 중요하지만 급하지 않은 일을 미루게 된 것에 대한 죄책감을 느끼지 않게 되고, 오히려 성취했다는 느낌까지 받게 하지요. 하지만 이런 일들은 결국 우선순위에서 중요한 위치를 차지하지 않는 일이에요. 사소한 일 때문에 중요한 일을 미루지 않도록 주의해야 한답니다.

우선순위를 결정하는 중요한 기준은 자신의 가치관이에요

희큐쌤 우선순위를 결정하는 가장 중요한 기준은 자기 자신의 가치관입니다. 우선순위를 정하는 이유는 인생을 더 알차고 행복하게 만들기 위해서예요. 행복에 대한 기준과 가치관은 사람마다 다르지요. 그렇기 때문에 사람마다 우선순위도 다릅니다. 주어진 많은 일들의 우선순위를 정해야 할 때, 그 일들이 내 가치관에 있어 어떤 의미를 가지고 있고, 얼마나 중요한지를 먼저 생각해 보세요. 그 과정을 통해 내 인생에서 정말 중요한 일이 무엇인지, 어떤 일에 에너지를 쏟아야 하는지 알 수 있을 거예요.

서진 그런데 급하지 않지만 중요한 일을 우선으로 하는 게 쉬운 일은 아닌 것 같아요. 어떻게 하면 우선순위에 따라 중요한 일들에 집중할 수 있을까요?

희큐쌤 좋은 질문입니다. 제 경우에는 이렇게 합니다. 먼저 해야 할 일 중 가장 중요한 두세 가지 일을 정합니다. 그다음에 그 중요한 일을 할 시간을 정합니다. 이때 중요한 일을 하는 시간은 가장 집중이 잘되는 시간이어야 합니다. 누구에게나 최적 시간이 있을 것이고, 그 시간에 중요한 일을 하면 효율이 높아진답니다.

서진 선생님의 최적 시간은 언제세요?

희큐쌤 새벽 4시부터 7시 사이입니다. 일어난 지 얼마 안 되어 머리가 가장 맑고, 누구의 방해도 받지 않는 시간이기 때문이지요.

현수 저는 긴장감 때문에 중요한 일을 미루는 편이에요. 시험 기간에 가장 어려운 과목을 부담감 때문에 뒤로 미루었다가, 공부하지 못한 경험이 있어요. 부담감을 피하려고 쉬운 일부터 먼저 하다가 시간이 부족해지는 거지요. 이런 심리적 압박감을 어떻게 해야 할까요?

희큐쌤 누구나 그런 경험을 하니 너무 걱정하지 말아요. 중요한 일을 앞두고 부담감이 심하다면, 그 일을 미루는 대신 마음의 준비를 하는 시간을 가져 보세요. 어떤 일을 시작하기 전에는 마음의 준비가 필요해요. 그 마음의 준비가 긴장감을 완화시켜 준답니다. 마음의 준비의 좋은 예는 잔잔한 음악을 듣거나 체조를 하는 것입니다. 이런 일들은 정신을 맑게 해 주고, 집중력을 높여 주지요. 반대로 나쁜 예는 드라마를 보거나 게임을 하는 것입니다. 이런 일들처럼 정신을 산만하게 하는 일은 마음의 준비라고 볼 수 없답니다. 저의 경우에는 중요한 일을 하기 전에 샤워를 하거나 클래식 음악을 듣습니다. 페퍼민트나 카모마일 차를 마시기도 합니다.

한 사람의 지혜가
사회를 행복하게 만들어요

어둠을 한탄하기보다는
촛불 하나를 켜는 것이 낫다.
사티쉬 쿠마르

희큐쌤 오늘 강의의 주제는 지혜의 가장 높은 단계입니다. 높은 단계라고 해서 어려운 것은 아니니 걱정하지 말고, 잘 따라와 주길 바랍니다. 지혜의 가장 높은 단계는 지혜를 사회를 위해 사용하는 것입니다. 개인의 행복의 범위를 벗어나 이웃과 사회에 도움을 주는 거예요. 오랜 세월 갈고 닦은 지혜를 활용해 좀 더 나은 사회를 만들고자 하는 것이지요.

자기 발견을 이루고, 그 분야에 배움의 열정을 가지고 꾸준히 노력하면, 높은 수준의 지혜의 경지에 오를 수 있습니다. 이런 지혜를 이용해 사회에 기여할 수 있다면 무척 의미 있는 일일 거예요.

인간은 나이가 들면서 개인을 넘어, 자손들과 사회 전반에 대한 책임감을 더 깊이 느끼게 됩니다. 나아가 다음 세대에게 가치 있는 무언가를 물려주고자 하는 이타적 욕구를 가지게 되지요. 개인이 지혜를 통해 사회에 기여하는 일은 자신의 행복을 넘어 사회적으로 큰 의미를 갖게 됩니다. 그리고 그 개인은 더 깊은 만족감을 가지게 될 것입니다.

저는 이번 강의에서 개인의 지혜를 사회의 행복 구현에 연결시킨 두 사람을 소개하고자 합니다.

가난한 사람을 위한 은행을 만든 무하마드 유누스

희큐쌤 무하마드 유누스(Muhammad Yunus, 1940~)는 인도의 영토였던 벵골 서부에서 14명의 형제 중 셋째로 태어났습니다. 성적이 뛰어났던 그는 미국에서 경제학 박사 학위를 받았습니다.

1971년 벵골 지역은 파키스탄의 영토였는데, 그곳이 다시 두 개의 국가로 나누어지면서 '방글라데시'라는 이름의 나라가 새로이 탄생하였습니다. 유누스는 이때 고국으로 돌아와 경제학과 교수가 되었습니다.

1974년 방글라데시에 기근이 닥쳐 150만 명 이상이 목숨을 잃었습니다. 이 일로 유누스는 큰 충격을 받았고, 자신의 삶을 빈곤 문제 해결을 위해 바치기로 결심했습니다. 경제학을 가르치는 일이 빈곤

으로 죽어 가는 사람들에게 큰 도움이 되지 않는다고 생각했기 때문이었습니다.

그는 자신의 학교 근처 마을로 현장 답사를 나갔다가 빈곤 문제를 해결할 방도를 찾았습니다. 극빈자들이 가장 필요로 하는 것을 찾아낸 것입니다. 그것은 바로 자립을 위해 필요한 아주 적은 금액의 돈이었습니다.

방글라데시의 극빈자들은 시장에 가서 팔 과일을 사기 위해 고리대금업자에게 아주 높은 이자를 주고 돈을 빌리고 있었습니다. 그 때문에 하루 종일 장사해 번 돈의 대부분을 고리대금업자에게 주어야 했지요. 이자가 싼 은행에서 돈을 빌리면 되지 않느냐고요? 은행은 극빈자들에게 돈을 빌려주지 않았습니다. 극빈자들에게 돈을 빌려주면 돌려받지 못할 게 뻔하고, 그 부담을 은행이 안게 될 거라는 이유에서였습니다.

유누스는 가난한 사람들이 자립할 수 있도록 적은 금액의 돈을 빌려주기 시작했습니다. 매우 가난한 가정의 여성들 42명에게 적은 돈을 빌려주어 과일 장사나 공예품 장사를 할 수 있도록 한 것입니다. 결과는 어떻게 되었을까요? 42명의 극빈자는 모두 일정한 기일 안에 돈을 갚았습니다. 이 일을 계기로 유누스는 결심하였습니다.

'가난한 사람들에게 돈을 빌려줄 은행을 만들자.'

이렇게 해서 세계 최초의 가난한 사람들을 위한 은행이 탄생했습니다. 그 은행의 이름은 '그라민 은행(Gramin Bank)'입니다. 그라민 은행은 1979년까지 이런 방법으로 500가구를 구제했습니다. 같은 해 중앙은행이 이 사업에 동참했고, 유누스는 교수직을 버리고 이 일에 전념했지요. 그리고 1983년 그라민 은행을 정식 법인으로 발족시켰습니다. 그라민 은행은 극빈자에 대한 무담보 대출에도 불구하고 1993년 이후 흑자로 전환되었습니다.

그런데 놀라운 사실은 그라민 은행이 가난한 사람을 돕는 비영리 자선 단체가 아닌, 흑자를 내는 완벽한 기업이라는 점입니다. 그라민 은행은 이윤 추구를 최종 목표로 하는 일반 기업과는 달리 사회 기여를 중요하게 여기는 '사회적 기업'입니다. 사회적 기업의 형태는 일반 기업과 같지만, 최종 목표가 이윤 추구가 아니라는 점이 다릅니다. 사회적 기업의 최종 목표는 환경 보호, 빈곤 해결, 평화 증진 등 사회적 가치를 만들어 내는 것이지요. 물론 사회적 기업도 이윤 추구를 합니다. 하지만 이윤을 추구하는 것은 기업을 지속하기 위한 수단이고, 보다 높은 목적은 사회적 가치를 창출하는 것입니다.

그런 의미에서 그라민 은행은 완벽한 사회적 기업의 모델입니다. 그라민 은행은 지속적으로 흑자를 내고 있으며, 직원들에게 정상적인 은행 수준의 임금을 주고 있기 때문입니다. 만일 그라민 은행이 계속 적자에 허덕였다면 얼마 가지 않아 문을 닫고 말았을 겁니다. 사회적 기업은 최소한의 이윤을 내어 지속적으로 존재할 수 있어야 합니다.

그라민 은행이 성공할 수 있었던 비결은 크게 세 가지입니다.

첫째, 그라민 은행은 여성 특히 어머니들에게 돈을 빌려주었습니다. 대부분 어머니들은 가족에 대한 깊은 헌신과 사랑을 가지고 있습니다. 그들은 강한 책임감으로 가족의 더 나은 삶을 위해 노력합니다. 그라민 은행의 고객은 대부분 어머니였고, 어머니들은 가족의 미래를 위해 돈을 갚았습니다. 극빈자들이 돈을 갚지 않을 지도 모른다는 우려를 어머니의 특성을 이용해 해결한 것입니다.

둘째, 그라민 은행은 개개인에게 대출을 해 주지 않았습니다. 다섯 명씩 공동체로 묶어서 그 공동체에게 대출을 해 주었습니다. 공동체가 서로 돕고 의지하는 과정을 통해, 함께 돈을 갚을 수 있도록 한 것입니다. 이 방식은 아주 효과적이었습니다. 어느 한 명이 어려운 상황에 처하더라도 다른 네 명이 힘을 모아 공동체의 신용을 유지했습니다.

셋째, 그라민 은행은 대출을 받기 위해 고객이 은행을 찾는 것이 아니라, 직원이 고객을 찾아가게 했습니다. 직원들을 낙후 지역으로 보내, 그 자리에서 바로 대출을 해 주었습니다. 은행의 문턱이 낮아지니 누구나 은행 서비스를 받을 수 있었고, 그라민 은행은 사업을 확장시킬 수 있었습니다.

그라민 은행은 정말 놀라운 기업입니다. 세계 최초의 가난한 사람들을 위한 은행, 신용 없이 가난한 사람들에게 돈을 빌려주는 은행, 고객을 찾아가는 은행. 무엇보다 놀라운 사실은 대출 상환율이 97%가 넘는다는 것입니다.

유누스의 이 같은 소액 대출 제도는 전 세계로 전파되었습니다.

유엔은 2005년을 '세계 소액 신용 대출의 해'로 정했지요. 유누스는 이 공을 인정받아 2006년 그라민 은행과 함께 노벨 평화상 공동 수상자로 선정됐습니다.

유누스는 경제학 분야에서 지혜를 쌓은 사람이었습니다. 유누스는 자신이 가진 지혜를 이용해 극빈자의 자립을 도왔습니다. 개인이 가진 지혜를 사회 전체의 행복으로 이끌어 낸 것입니다.

수십만 명의 시력을 찾아 준 닥터 브이

희큐쌤 여러분 전 세계에 앞을 전혀 볼 수 없는 시각 장애인이 몇 명이나 될까요? 전 세계의 수많은 사람들이 시각 장애로 고통받고 있고, 그중 4500만 명은 실명 상태라고 해요. 그런데 안타까운 것은 시각 장애 인구 중에 50%는 적절한 예방과 치료가 있었다면 실명을 막을 수 있었다는 거예요. 특히 실명 원인 1위인 백내장은 간단한 수술로도 회복이 가능하지요. 그럼에도 불구하고 많은 사람들이 수술비를 마련하지 못해 시력을 잃은 채로 살아가고 있어요.

닥터 브이는 이런 사람들에게 무료로 수술을 해 주어 시력을 되찾아 주었습니다. 그의 이야기를 자세히 알아볼까요?

닥터 브이의 본명은 고빈다파 벤카타스와미(Govindappa Venkataswamy, 1918~2006)입니다. 인도에서 가장 존경받는 의사 중 한 명이지요.

닥터 브이는 인도의 작은 마을에서 태어났습니다. 그는 낮에는 농사일을 돕고 밤에는 공부를 해 의사 자격증을 땄습니다. 사촌 누나 세 명이 아이를 낳던 중 세상을 떠난 일을 경험한 그는 산부인과 의사가 되기를 꿈꿨지만, 병 때문에 손가락 하나를 움직일 수 없게 되면서, 꿈을 포기해야만 했습니다. 그렇지만 그는 좌절하지 않고 다시 공부를 시작해 안과 의사가 되었습니다. 엄청난 위기와 고통에도 불구하고 자신의 꿈을 이룬 것이지요.

그는 공립 병원에서 20여 년을 일한 뒤 아라빈드 안과 병원(Aravind Eye Hospital)을 열었습니다. 가난 때문에 적절한 치료를 받지 못해서 생기는 실명, 피할 수 있는 실명을 막고 싶었기 때문이었습니다.

닥터 브이는 3분의 1의 환자들로부터 정상적인 비용을 받아 3분의 2의 환자들에게 무료 진료와 수술을 해 주었습니다. 기부금 같은 외부의 도움은 받지 않았습니다. 어떻게 이런 일이 가능할 수 있었을까요?

우선 아라빈드 안과 병원은 아주 효과적인 수술 시스템을 마련했습니다. 무료 진료와 수술을 할 수 있도록 병원을 운영하려면, 한 번 수술할 시간에 세 번 이상의 수술을 진행해야 했습니다. 닥터 브이는 연구 끝에 맥도날드 같은 수술 방식을 도입했습니다. 한 수술 방에 수술대 4개를 놓고, 의사 2명과 간호사 8명이 팀을 이루어 수술을 하는 것입니다. 한 환자의 수술이 끝나는 즉시 의사는 돌아서서 옆의 다른 환자를 수술하고, 간호사가 수술을 마무리하는 방식이었습니다. 이로 인해 수술의 질은 떨어뜨리지 않으면서도 수술받는 환자의 수를 늘릴 수 있었습니다.

또 아라빈드 안과 병원에는 뛰어난 의사들이 많았습니다. 닥터 브이의 명성이 높아지자, 실력 있는 의사들의 지원이 늘었고, 그 결과 이 병원을 찾는 환자들이 많아졌습니다.

마지막으로 아라빈드 안과 병원은 백내장 수술에 꼭 필요한 인공 수정체를 품질은 높으면서도 값싼 것으로 바꿔 수술 비용을 낮추었습니다.

닥터 브이와 아라빈드 안과 병원은 더 많은 환자들을 만나기 위한 노력도 계속했습니다. 산골 곳곳에 의료 캠프를 열어, 간단한 검사와 치료를 제공하고 수술이 필요한 환자는 병원에 오도록 했지요.

아라빈드 안과 병원은 2013년 기준으로 7개 병원을 운영하며, 하루 6000명의 환자를 진료하는 세계 최대의 병원으로 성장했습니다. 여전히 환자 3분의 2는 무료이거나 매우 낮은 비용을 냅니다.

무하마드 유누스와 닥터 브이에 대한 이야기가 어땠나요? 이 두 사람은 자신의 지혜를 이용해 사회의 어두운 곳에 등불을 밝혔습니다. 그들로 인해 절망에 빠져 있던 많은 사람들이 희망을 찾고 새로운 삶을 시작할 수 있게 되었습니다. 자신이 원하는 분야를 찾고, 열심히 노력해 지혜를 얻은 뒤, 그 지혜를 이용해서 사회를 좀 더 행복하게 만드는 것은 매우 보람된 일입니다. 여러분도 이 보람을 느껴 볼 수 있다면 좋겠습니다.

한길   아라빈드 안과 병원에서는 3분의 1의 환자만 정상적인 비용을 내고, 나머지는 무료로 수술을 받을 수 있다고 하셨잖아요. 그러면 돈을 낸 환자들이 불만을 가지지 않을까요? 무료로 수술받기 위해 가난하지 않으면서 가난하다고 속일 수도 있고요.

희큐쌤   수술비를 낼 여유가 있으면서 가난하다고 속이는 사람이 아예 없다고는 할 수 없겠지요. 하지만 이 병원을 찾는 대다수의 환자들은 병원이 추구하는 목적과 가치를 신뢰하고 존중하고 있어요. 그래서 경제적인 여유가 있다면 기꺼이 비용을 지불하지요. 또 경제적 여유가 있는 환자들은 무료로 진료, 수술받기까지 기다리는 시간을 원치 않고요.

수경   개인이 사회적 행복을 위해 살아야 할 좋은 시점은 언제일까요?

희큐쌤   어려운 질문이군요. 사회적 행복을 위해 살아야 하는 좋은 시점이란 개인마다 다를 거예요. 사회의 행복을 위해 자신의 지혜를 활용해야 하는데, 지혜를 쌓아 나가는 시간이 각자 다르니까요.
  많은 사람들이 개인의 행복과 사회적 행복에 큰 간격이 있다고 생각합니다. 사회적 행복을 위해 산다는 것은 개인의 행복을 포기해야 하는 일이라고 생각하기도 하지요. 슈바이처나 마더 테레사, 간디처

자신이 원하는 분야를 찾고, 열심히 노력해 지혜를 얻은 뒤,

그 지혜를 이용해서 사회를 좀 더 행복하게 만드는 것은

매우 보람된 일입니다.

여러분도 이 보람을 느껴 볼 수 있다면 좋겠습니다.

럼 헌신적인 삶을 살아야 한다고 말이에요. 만일 이러한 의미로만 사회적 행복에 기여해야 한다면, 이를 실천하는 건 무척 어려운 일일 거예요.

하지만 유누스와 닥터 브이의 사례는 다른 가능성을 열어 주고 있습니다. 사회적 기업을 통해 개인의 행복을 추구하면서도 동시에 사회적 행복을 추구할 수 있는 길이 있다는 것을 보여 주었지요. 사회적 기업은 비영리 조직과는 달리 영리를 추구하고 이익을 내는 기업이면서 동시에 사회적 가치를 추구합니다. 저는 사회적 기업이 개인의 행복과 사회적 행복이 동시에 구현되는 가장 이상적인 모델이라고 생각합니다. 하지만 모든 사람이 사회적 기업을 설립할 수는 없겠지요. 사회의 행복에 기여하기 위해서 할 수 있는 작은 일들은 없을까요?

아람 개인이 가진 지혜 그러니까 재능을 기부하는 방식도 사회적 행복에 기여하는 일이라고 생각해요. 요리를 잘하는 사람이 음식 나눔 봉사를 하고, 영어를 잘하는 사람이 저소득층 아이들에게 영어를 가르쳐 주는 것처럼 말이에요.

희큐쌤 맞아요. 아람이가 말한 것처럼 작은 범위의 재능 기부도 사회의 행복을 위한 행동이에요. 사회의 행복을 위한 일은 아주 다양하고, 그 범위가 넓답니다.

part 5

건강하지 않고서는
행복할 수 없어요

예외적인 인간이 아니라면, 건강하지 않고서는 행복할 수 없습니다. 건강은 모든 생물체에게 가장 중요한 존재 목적이고, 물론 인간도 예외는 아닙니다. 건강의 기초는 어린 시절과 청소년 시절에 이루어집니다. 그래서 어린 시절 건강의 좋은 습관을 갖는 것이 중요합니다.

강의 14

잘 먹기만 해도
건강해질 수 있어요

진정한 행복은 진정한 건강 없이 불가능하고,
진정한 건강은 미각의 엄격한 통제 없이 불가능하다.
마하트마 간디

희큐쌤   지난 강의까지는 이성이 잘 발휘된 상태인 지혜에 대해서
알아보았습니다. 이번 강의부터는 신체의 기능이 잘 발휘된 상태 즉
건강에 대해 살펴볼 것입니다. 건강은 인간의 행복을 결정하는 아주
중요한 요소입니다. 그런데 건강에 대해서 공부할 게 뭐가 있냐고
의아해하는 친구들도 있을 거예요.

제 이야기를 좀 하겠습니다. 제 인생에 있어 건강은 장애물과 같
았습니다. 고등학교 1학년 때 위장병으로 고생한 이래 지금까지 건
강 때문에 여러 어려움을 겪었습니다. 그래서 '내 몸이 건강하다면
얼마나 좋을까?', '내 몸이 건강하다면 더 많은 일을 할 수 있었을
까?'라고 생각하곤 했지요.

제가 건강 문제로 오랜 세월 고통을 겪은 이유는 무엇일까요? 선천적인 이유는 분명 아니었습니다. 저는 어린 시절 건강한 편이었습니다. 제 건강에 문제가 생긴 것은 몸을 돌보는 법을 알지 못했고, 몸을 병들게 하는 나쁜 습관들을 가지고 있었기 때문입니다. 먹는 습관, 운동하는 습관, 휴식하는 습관이 잘못되어 있었던 거죠.

지금 생각해 보면 참 한심한 이야기지만, 저는 건강을 돌보는 일을 하찮게 여겼습니다. 입에 맞는 음식만 먹고, 운동도 즐기지 않았습니다. 30년 가까이 위장병을 비롯한 여러 고통을 겪은 뒤에야 식습관을 고치고 운동을 해야겠다고 결심했지요.

워낙 오랫동안 건강에 소홀했기 때문에 회복이 쉽지 않았습니다. 별 진전이 없어 회의가 들기도 했습니다. 하지만 식습관을 고치고 지속적으로 운동을 시작하고 4, 5년이 지나자 눈에 띄게 건강이 좋아졌습니다.

저는 만약 다시 태어날 수 있다면 무엇보다도 건강을 잘 돌볼 것입니다. 이 부분이 제 인생에 있어 가장 후회되는 부분이니까요. 지금 당장 다시 태어날 수는 없지만 남은 인생에서 행복을 누리기 위해 식습관, 운동, 휴식에 중점을 두고 꾸준히 노력하고 있습니다. 여러분은 저처럼 건강에 대한 후회를 하지 않았으면 좋겠습니다.

왜 건강에 대해 공부하고 신체의 탁월성을 이루어야 하는지 이제 알겠지요?

잘못된 식습관이 정신 질환을 일으킬 수도 있어요

희큐쌤 제가 생각했을 때 현대인의 식습관에서 가장 심각한 문제는 인스턴트식품과 가공식품을 지나치게 섭취한다는 것입니다.

미국의 존스 홉킨스 의학대학에서 원인을 알 수 없는 정신 질환 환자들을 연구한 적이 있습니다. 그 환자들은 정신 질환 가족력이 없고, 극심한 고통이나 시련 같은 정신적 충격을 받은 것도 아닌데, 폭력적인 성향을 보이거나 발작을 일으켰습니다. 의사들이 이들을 대상으로 연구를 지속했지만, 원인은 쉽게 밝혀지지 않았습니다. 그러던 중 같은 환자들을 한곳에 모아 놓고 그들의 생활 습관을 관찰하기로 했습니다. 그 결과 의사들은 환자들의 공통된 생활 습관을 발견할 수 있었습니다. 그들은 꽤 오랜 시간 동안 소파에 앉아 TV를 보면서 끊임없이 인스턴트식품을 먹었습니다. 의사들은 이를 두고 그들이 즐겨 먹는 인스턴트식품과 정신 질환이 관련이 있는 것이 아닌가 하는 추측을 하게 되었습니다. 그리고 연구를 계속한 결과 인스턴트 음식에 첨가된 화학 물질이 인간의 몸에 과다하게 축적되면 정신 질환을 일으킬 수 있다는 것을 밝혀냈지요. 물론 인스턴트식품을 즐겨 먹는다고 당장 심각한 정신 질환이 생기는 건 아닙니다. 하지만 5년 10년 지속적으로 섭취한다면 문제가 될 수 있지요.

가공식품의 종류는 상상을 초월할 만큼 많습니다. 가공식품이란 농산물, 축산물, 수산물 등을 인공적으로 처리하여 만든 식품이에요. 보존과 조리가 간편하다는 장점이 있지만, 문제점도 많습니다. 가공식품에는 방부제, 표백제, 인공 색소 등 몸에 이롭지 않은 성분이 다량 함유되어 있습니다. 이는 인스턴트식품도 마찬가지지요. 또 식품을 가공하는 과정에서 원재료가 가진 영양소가 파괴됩니다.

인스턴트식품과 가공식품의 다량 지속적인 섭취는 건강을 해칩니다. 제 경험담을 들려 드리겠습니다. 간디학교를 설립한 이후 정말 눈코 뜰 새 없이 바빴습니다. 그래서 집에 들어오면 간편하게 먹을 수 있는 인스턴트식품과 가공식품을 주로 먹었지요. 약 3년이 지나니까 제 몸에 이상 증상이 오기 시작했습니다. 왼쪽 몸이 마비가 되는 증상이 나타난 것입니다. 그때 제 나이는 만 40세였습니다. 그 뒤 간디학교 교장직을 직을 그만두고 치료에 매달렸는데, 회복하는 데 2년 반이 걸렸습니다. 병원에서는 스트레스와 잘못된 식습관을 마비의 원인으로 꼽았습니다.

음식은 우리 몸에 중대한 영향을 미칩니다. 신체는 물론 정신에까지 말입니다. 아동기에 주로 나타나는 질환 가운데 '주의력결핍 과잉행동장애(ADHD)'가 있습니다. ADHD 환자들을 치료할 때 식이 요법이 효과적이라는 연구가 있습니다. 탄산음료 대신 물을 많이 마시게 하고, 인스턴트식품이나 가공식품 대신 건강한 식사를 하게 했더니 ADHD 증상이 크게 완화됐다는 것이지요.

많은 청소년들이 학습 장애, 우울증, 집중력 부족 등을 호소합니다. 만약 여러분에게도 이런 증상이 나타난다면 가장 먼저 식습관을 바꿔 보는 것을 추천합니다. 탄산음료 대신 물을 마셔 보세요. 간식으로는 과자나 빵 대신 과일이나 견과류를 선택하세요. 육류를 섭취하는 것만큼 야채도 섭취하세요. 되도록 외식을 줄이세요. 별것 아닌 것 같지만 막상 실천에 옮기려면 힘이 들 것입니다. 하지만 꾹 참고 한 달만 실천해 보세요. 몸이 가벼워지고 건강해지는 것을 직접 경험할 수 있을 것입니다. 더불어 집중력이 높아지고, 기분이 상쾌해지는 것도 느낄 수 있을 겁니다.

몸의 신호를 따르세요

희큐쌤 ▶ 저는 고등학교 1학년 때 유도부 활동을 했습니다. 수업을 마친 뒤 운동을 하고 나면 몹시 피곤하고 배가 고팠지요. 집이 멀어서 일과를 마치고 돌아오면 9시를 넘기기 일쑤였습니다. 저는 그 시간에 허겁지겁 밥을 먹고 쓰러져 자곤 했습니다. 그러다 보니 종종 소화를 제대로 시키지 못하고 체하곤 했지요. 이런 일이 몇 달 동안 계속되자 위장병이 생기고 말았습니다. 이때 처음 시작된 위장병은 수십 년 동안 저를 괴롭히고 있습니다.

어린 시절 저희 집에는 '또순이'라는 강아지가 있었습니다. 또순이는 지혜로운 식습관을 가지고 있었습니다. 또순이의 식습관 규칙은 아주 피곤하거나 아플 때에는 먹지 않는다는 것입니다. 몸이 피곤한 상태에서는 아무리 맛있는 것을 주어도 먹지 않았습니다. 먼저 자기 집에 들어가서 몇 시간 푹 잠을 잔 뒤 몸이 회복되면 그제야 음식을 먹었습니다. 그리고 몸이 아프면 먹는 것을 완전히 중단하고 나을 때까지 휴식만 취했습니다. 그러고 나서 몸이 완전히 나으면 음식을 먹기 시작했습니다. '몸이 피곤하거나 아프면 위도 쉬어야 한다.'고 생각했던 것 같습니다.

어떤 음식이 몸에 좋은가를 두고 체질에 관해 많이 이야기합니다. 사람의 체질에 따라 좋은 음식과 좋지 않은 음식이 있다는 것이지요. 저희 어머니의 경우 몸에 열이 많은 체질이어서 뜨거운 음식을 즐기지 않습니다. 더운 여름이면 참외나 수박 같은 몸을 시원하게 하는 과일을 식사 대신 드시기도 합니다. 아버지의 경우는 정반대로 몸이 찬 체질이라 몸을 따뜻하게 해 주는 음식을 주로 드셨습니다. 인삼이나 꿀, 찹쌀밥 등이 그것입니다. 체질에 맞지 않는 음식을 먹으면 몸에 탈이 나기 쉽습니다. 탈이 난다는 건 우리 몸에서 보내는 신호이기도 하지요.

이번 강의에서는 잘 먹는 습관에 대해 이야기했습니다. 좋은 음식을 잘 먹는 것은 우리 몸과 정신에 아주 중요한 역할을 합니다. 물을 많이 마시고, 인스턴트식품이나 가공식품 섭취를 줄이고, 야채 섭취를 늘리는 습관을 기르도록 노력해 보세요.

선희 선생님께서는 건강 문제로 많이 고생하신 것 같아요. 그래

서 건강의 중요성을 절실하게 느끼게 되셨고, 행복의 조건의 하나로
꼽으신 거지요?

희큐쌤 네, 맞습니다. 저는 건강 때문에 크게 고생한 뒤 건강의 중
요성을 깨닫게 되었어요. 그래서 여러분은 그러지 않기를 바랍니다.
신체와 정신은 서로 긴밀한 영향을 주고 있어요. 그래서 몸이 제대
로 작동하지 않으면 정신도 큰 스트레스를 받게 되지요. 몸을 소중
하게 돌보고 잘 가꾸는 것 나아가 정신적인 평화를 느끼는 것은 아
주 중요하답니다. 건강은 한번 잃으면 회복하기가 어려워요. 그래서
평소 꾸준히 관리하는 게 중요해요.

신체와 정신은 서로 긴밀한 영향을 주고 있어요.

그래서 몸이 제대로 작동하지 않으면 정신도 큰 스트레스를 받게 되지요.

몸을 소중하게 돌보고 잘 가꾸는 것 나아가 정신적인 평화를 느끼는 것은

아주 중요하답니다.

규칙적으로
운동해요

완전하게 건강한 사람은
어디에도 존재하지 않는다.
키에르케고르

희큐쌤 저는 고등학교 1학년 때 유도부를 그만두고 난 뒤 오랫동안 운동을 하지 않았습니다. 그러다 군대에 갔습니다. 군대에서는 규칙적인 생활이 필수였고, 하고 싶지 않아도 운동을 해야 했습니다. 그렇게 생활하다 보니 몸이 절로 좋아졌습니다. 체력이 강해진 것은 물론 몸매도 보기 좋게 변했지요. 하지만 제대한 뒤에는 다시 운동을 하지 않는 생활로 돌아갔습니다. 그런 생활은 오랫동안 계속됐고, 결국 건강하지 못한 몸을 갖게 되었습니다. 저는 이렇게 된 것을 정말이지 후회합니다.

공부할 시간을 줄이더라도 운동을 해야 해요

희큐쌤 ▷ 청소년 여러분께 꼭 당부하고 싶은 말은 운동을 해야 한다는 것입니다. 여러분이 하루를 어떻게 보내는지 한번 생각해 보세요. 아침 일찍 학교에 가서 수업을 마칠 때까지 책상 앞에 앉아 있을 겁니다. 수업을 마친 뒤에는 학원에 가지요. 아마 여러분은 하루의 대부분을 앉아서 생활하고 있을 겁니다. 오랜 시간 앉아 있기 때문에 허리나 어깨, 목 통증에 시달리는 친구들도 많을 거고요.

공부할 시간도 부족하다, 피곤하다는 말로 핑계 대지 말고, 운동하는 습관을 길러야 합니다. 외국의 명문 학교들은 공부 외에 왕성한 스포츠 활동을 하도록 권장합니다. 운동을 통해 건강을 지키고, 체력을 기르며, 인내력과 협동 정신을 기를 수 있다고 믿기 때문입니다.

어떤 운동을 하면 좋을까요? 세상의 모든 운동은 다 좋은 운동이라고 생각합니다. 개인의 체력에 맞는 운동을 선택해 꾸준히 즐겁게 하는 것이 중요하지요. 걷기, 자전거 타기, 마라톤, 수영, 축구, 테니스, 수영, 요가 등 자신이 좋아하는 운동을 고르면 됩니다.

제가 본격적으로 운동을 하기 시작한 것은 50세가 넘어서부터입니다. 간디학교를 세우기 위해 필리핀에 온 뒤 바다 수영을 시작했습니다. 지금 제가 지내는 곳은 필리핀 남부 네그로스(Negros)라는 섬입니다. 이 섬의 바다는 수영을 하기에 무척 좋습니다. 저는 대체로 스노클링을 하는데, 알록달록한 물고기와 산호를 볼 수 있어 아주 즐겁습니다. 날씨가 아주 나쁘지만 않으면 더운 시간을 골라, 매일 한 시간 정도 수영을 하지요. 그게 벌써 4년 정도 되었습니다.

처음 수영을 시작했을 때는 워낙 몸이 좋지 않은 상태여서 많이 힘들었습니다. 스노클링 장비를 입에 물었음에도 호흡하기가 힘들었지요. 하지만 이제는 편안하게 호흡할 수 있습니다. 2년 전부터는 산악자전거도 타기 시작했습니다. 산악자전거는 정말 힘든 운동입니다. 처음 오르막을 오를 땐 이러다 죽을지도 모른다고 생각할 정도였지요. 하지만 1년 정도 지나니 오르막도 어느 정도 익숙해졌습니다. 물론 여전히 힘들지만, 중간에 멈춰서 쉬는 게 눈에 띄게 줄었지요.

다소 늦은 나이일 수도 있지만, 이제라도 운동을 시작한 것이 얼마나 다행인지 모릅니다. 운동을 시작한 뒤 제 몸은 많이 변했습니다. 마비가 왔던 신체 왼쪽은 물론 오랜 시간 앉아 있는 사람이라면 대체로 가지고 있다는 허리 통증이 크게 줄었습니다. 제가 만약 여러분 나이에 운동을 시작했다면 어땠을까요? 분명 지금보다 더 건강한 몸을 가지고 있었을 겁니다. 그래서 여러분께 당부합니다. 지금부터 꾸준히 운동하는 습관을 기르라고 말입니다.

흙을 밟아 본 적 있나요?

희큐쌤 인도의 환경 운동가이자 평화 운동가인 사티쉬 쿠마르(Satish Kumar, 1936~)는 핵무기 반대 운동을 위해 인도에서 출발하여 러시아와 프랑스, 영국을 걸어서 여행했고 대서양을 건너 미국까지 순례했습니다. 그는 걷는 것에 대해 이렇게 표현했습니다.

"어머니는 나에게 걸으라고 하셨다. '걷는 게 뭐 특별한 일인가?' 생각하는 사람이 많을 것이다. 현대인들은 어떻게 걷는지 잊고 있는 것 같다. 맨발로 흙을 밟으며 명상하며 걷는 방법을 잊고 있다. 발밑에 흙을 두지 않고서는 영혼이 자라날 수 없다. 맨발로 흙을 밟아야 하고, 명상해야 한다. 맨발로 흙 위를 걸으면 발밑의 대지가 온갖 약을 제공할 것이다."

사티쉬 쿠마르는 걷는 것은 운동하는 것을 넘어서 어머니 대지와 만나는 것이고 깨달음에 이르는 길이라고 이야기합니다. 운동은 건강을 위해서 몸을 움직이는 행위를 넘어서 '운동 테라피', '운동 명상' 효과를 주기도 한다는 것입니다.

걷기뿐만이 아니라 다른 운동도 마찬가지일 것입니다. 저는 수영을 하며 마음이 고요해짐을 느끼고, 평정을 얻곤 합니다. 물속에 있는 그 순간 모든 고민이 사라지고 머리가 맑아지는 것이지요. 이것이 아마도 운동 테라피, 운동 명상이 아닐까요?

신체의 탁월성인 건강에 이르려면 운동하는 습관이 꼭 필요합니다. 일찍 운동을 시작할수록 더욱 건강해질 수 있습니다. 여러분, 당장 오늘부터 운동을 시작하세요.

경진 하루 종일 학교와 학원을 오가느라 운동을 할 시간이 없어요. 어떻게 해야 할까요?

희큐쌤 저도 그런 생각 때문에 50세 가까이 되도록 운동을 하지 못한 겁니다. 다른 일을 우선순위에 두고 운동을 미루게 된 것이지요. 운동은 다른 어떤 일보다 더 중요합니다. 그러니 운동할 시간을 반드시 만들어야 합니다. 아침 일찍 일어나거나, 공부하는 시간을 조금 줄이더라도 꼭 운동을 해야 해요.

운동을 하지 않다가 건강을 잃게 되면 공부를 하고 싶어도 하지 못하는 상황에 이를 수도 있습니다. 앞서 우선순위에 대해 이야기했지요? 단언컨대 운동은 공부하는 것보다 학원 가는 것보다 게임 하는 것보다 중요한 우선순위에 있습니다. 이 점을 꼭 기억하세요.

신체의 탁월성인 건강에 이르려면 운동하는 습관이 꼭 필요합니다.

일찍 운동을 시작할수록 더욱 건강해질 수 있습니다.

여러분, 당장 오늘부터 운동을 시작하세요.

잘 쉬고 잘 자는 것도
행복이에요

여가는 철학의 어머니다.

토마스 홉스

희큐쌤 ▶ 여러분 그동안 즐겁게 생활했나요? 지난 강의에서 운동하는 습관을 길러야 한다고 이야기했는데, 다들 운동을 시작했나요? 얼굴을 보니 시작하지 않은 친구들이 아직 더 많은 거 같네요. 하지만 곧 운동을 시작할 거라고 믿겠습니다.

　이번 시간에는 휴식이 주는 행복에 대해 살펴보려고 합니다. 많은 사람들이 휴식에 대해 그냥 쉬기만 하면 되는 쉬운 일이라고 생각합니다. 하지만 제대로 휴식하기 위해서는 휴식에 대해 잘 알아야 합니다. 제가 생각하는 가장 중요한 휴식은 수면입니다. 잘 자는 것이 가장 큰 휴식이라는 것이지요.

학교는 자러 오는 곳이 아니에요

희큐쌤   많은 학생들이 학교에서 잠을 잔다고 합니다. 저는 여러 차례 일반 학교 선생님들에게 물어보았습니다.

"선생님, 정말 수업 시간에 학생들이 잠을 자나요?"

"그럼요. 한번 와 보세요."

여러분 왜 학교 수업 시간에 잠을 자나요? 수업이 지루해서인가요? 저는 그 이유가 잠이 부족하기 때문이라고 생각합니다. 간디학교 학생들도 오전에는 집중력이 떨어집니다. 그 이유는 수면 습관 때문입니다.

대다수 청소년들은 새벽 1, 2시경에야 잠자리에 듭니다. 이유는 다양합니다. 밤늦게까지 공부하거나 학원에 가기도 하고, 인터넷이나 게임을 하기도 하고, TV를 보기도 합니다. 다음 날 아침 늦어도 6, 7시에는 일어나야 하니 수면 시간이 4, 5시간밖에 되지 않지요. 그러니 늘 잠이 부족하고 졸린 거예요. 한창 성장하는 청소년기에는 8시간 정도 충분히 잠을 자야 합니다. 현실적으로 8시간을 잘 수 없다는 건 잘 알고 있습니다. 그렇지만 늦어도 밤 11시에는 잠자리에 들도록 노력해 보세요.

재미있는 것은 이런 현상이 학생들에게만 해당되는 것이 아니라는 겁니다. 많은 수의 어른들도 수면 부족에 시달립니다. 특히 직장인들은 야근이 많은 데다, 퇴근한 뒤 술자리를 갖거나 취미 생활을 하기 위해 잠을 포기하곤 해요. 그렇게 수면 부족인 상태로 회사에 가면 멍한 상태로 오전을 보내게 되지요.

수면 부족은 생산성을 떨어뜨립니다. 앉아 있지만 공부하지 않고, 일하지 않는 것은 시간 낭비이며 또 인생 낭비입니다.

생산성을 떨어뜨리는 것보다 더 심각한 문제도 있습니다. 수면이 부족하면 우리 몸은 재정비, 재충전하지 못합니다. 자동차가 정비소에서 정비를 받듯이, 우리 몸은 수면을 통해 피로를 회복하고 에너지를 재충전합니다.

수면 시간은 아무 것도 하지 않는 시간이 결코 아닙니다. 자는 시간을 아까워해서는 안 됩니다. 우리 몸은 잠을 잘 때 마치 컴퓨터의 절전 모드와 같습니다. 최소한의 활동 모드를 유지하면서, 대부분의 에너지를 신체 기능의 회복과 복구에 사용합니다.

그래서 자야 할 시간에 잠을 자지 않고 활동하면 휴식과 회복이 어렵게 되고, 이것이 지속되면 건강을 잃게 됩니다. 어린이나 청소년의 경우 성장이 더디거나 멈추는 경우도 있습니다.

꿀 같은 휴식 시간을 만들어 주세요

희큐쌤) 저에게 있어 가장 중요한 휴식은 하루 두 번의 수면입니다.

저는 청소년 때부터 새벽에 일어나는 습관을 가지고 있습니다. 새벽 4시쯤 일어나 활동하지요. 그래서 오후가 되면 피곤이 몰려옵니다. 저는 오후 1시에서 3시 사이에 낮잠을 통해 휴식합니다. 이것이 저의 첫 번째 수면입니다.

두 번째 수면은 특히 중요합니다. 9시경에 잠자리에 들지요. 새벽 4시까지 7시간을 자고 일어나면 아주 상쾌하고 머리가 맑습니다. 그런 상태에서는 집중이 아주 잘되지요. 저는 그 시간에 어려운 책을 읽거나, 글을 쓰거나, 고민하던 일의 답을 찾습니다.

저라고 매일 9시에 잠들 수 있는 것은 아닙니다. 손님이 찾아온다거나, 재미있는 영화를 본다거나 하는 이유로 11시 넘어 잠자리에 드는 날도 있습니다. 하지만 일어나는 시간은 같지요. 그럴 경우 수면이 부족해 피곤함을 느끼고 집중이 되지 않습니다.

청소년 여러분은 한창 성장할 나이입니다. 충분한 수면은 성장의 필수 조건입니다. 그래서 여러분에게 밤 11시에는 잠자리에 들라고 권유하는 것입니다. 적어도 6~7시간 동안 잠을 자야만 몸이 완전히 회복되고, 즐겁고 활기찬 하루를 보낼 수 있습니다.

휴식은 매우 중요한 것입니다. 휴식을 제대로 해야만 제대로 활동할 수 있기 때문입니다. 이 원리는 모든 생명체에게 적용됩니다. 제대로 먹고 제대로 휴식해야만 건강을 유지할 수 있습니다. 어떤 사람들은 하루에 4시간만 자고서도 피곤하지 않다고 말합니다. 하지만 그런 사람들은 예외의 경우입니다. 대부분의 사람들은 하루 4시간의 수면 가지고는 신체의 기능을 완전히 회복시키지 못합니다.

휴식은 매우 중요한 것입니다.

휴식을 제대로 해야만 제대로 활동할 수 있기 때문입니다.

이 원리는 모든 생명체에게 적용됩니다.

제대로 먹고 제대로 휴식해야만 건강을 유지할 수 있습니다.

해야 할 일이 많아 절대적으로 시간이 부족할 때는 수면 시간을 줄이는 것이 아니라, 낭비하는 시간을 줄여야 합니다. 낭비하는 시간을 알차게 사용해 수면 시간을 확보해야 합니다. 이것이 건강을 지키는 길이고, 행복해지는 길입니다.

저는 미국에서 박사 학위를 준비하던 때에도 하루 7시간을 잤습니다. 충분히 자야 기분이 상쾌해지고, 집중도 잘되고, 창의적인 사고가 가능하다고 생각했기 때문이었습니다.

집중력이 높아지면 짧은 시간에도 큰 성과를 낼 수 있습니다. 제 경우는 늘 그랬습니다. 새벽 4시 일어난 직후의 1, 2시간이 오후의 4, 5시간보다 생산성이 높은 편입니다.

여러분, 수면과 휴식을 가볍게 생각하지 마십시오. 제대로 자고 휴식하지 않으면 집중할 수 없을 뿐 아니라 건강도 잃게 된답니다.

수연 잘 먹고, 운동하고, 잘 자면 신체의 탁월성을 이룰 수 있는 건가요?

희큐쌤 사람의 몸을 건강하게 만드는 원칙들은 많아요. 하지만 저는 잘 먹는 것, 운동하는 것, 잘 자는 것이 건강의 가장 중요한 원칙이라고 생각합니다. 이 세 가지 원칙을 충실히 따르면 분명 신체의 탁월성을 이룰 수 있을 것입니다.

길현 선천적으로 몸이 약한 사람은 행복할 수 없는 건가요?

희큐쌤 선천적으로 몸이 약한 사람이 그렇지 않은 사람보다 어려움이 많은 것은 사실입니다. 하지만 그것은 신체의 탁월성을 결정하는 요소가 아닙니다. 중요한 것은 '라이프스타일(Life Style)'입니다. 건강하게 태어났다고 하더라도 바람직하지 않은 라이프스타일을 갖고 있으면 건강이 나빠지게 됩니다. 반면에 약하게 태어났다고 하더라도 바람직한 라이프스타일을 가지고 있으면 비교적 건강한 삶을 살 수 있습니다.

독일의 실존 철학자 칼 야스퍼스(Karl Jaspers, 1883~1969)의 삶이 그러했습니다. 그는 너무나 병약해서 일상생활이 어려울 정도였습니다. 하지만 그는 하루에 5, 6번 수면을 취하고, 엄격한 규칙에 따라 생활하며 건강을 유지했습니다. 자신의 몸을 잘 알고 그에 맞는 라이프스타일을 가지고 있었던 덕분이었습니다.

part 6

행복은
좋은 습관으로부터 샘솟아요!

행복의 원리를 안다는 것은 머리로 알뿐 아니라 그것을 실천한다는 것입니다.

그런데 실천은 그리 쉬운 일이 아닙니다. 이것을 해낼 수 있는 유일한 방법은

그 원리에 맞는 행동을 최소 3개월에서 1년, 3년에 걸쳐 반복함으로써 습관화

하는 것뿐입니다. 습관의 힘은 인생을 바꾸고 인생에 기적을 일으킵니다.

강의 17

행복을 불러오는
좋은 습관들

반복된 행동이 습관을 낳고,
습관이 성품을 형성하고, 성품이 운명을 결정한다.
아리스토텔레스

희큐쌤 지난 강의까지 행복의 원칙들을 모두 공부했습니다. 오늘은 그 행복의 원칙들을 어떻게 실천하면 좋을지 생각해 볼 것입니다.

저는 항상 세 가지 색의 볼펜을 들고 다닙니다. 검정, 파랑, 그리고 빨강. 벌써 20년 가까이 된 습관입니다. 이 세 가지 색 볼펜이 가장 빛나는 순간은 독서할 때입니다. 저는 독서를 할 때 중요한 곳에 밑줄을 긋거나 여백에 메모를 합니다. 이때 세 가지 색 볼펜을 사용하면 보다 효율적인 정리를 할 수 있습니다. 책을 읽다가 의문점이 생기면 파란색 볼펜으로 의문 부호(?)를 표시하고, 중요한 부분은 빨간색으로 별표(*)를 그리고, 저자의 견해에 대한 생각은 검정색으로 메모합니다. 이렇게 정리해 두면 언제든지 쉽게 중요한 부분들을 찾아볼 수 있습니다. 이렇게 정리하며 책을 읽는 습관은 제 인생에 큰 도움을 주었습니다.

습관의 힘은 놀랍습니다. 어떤 행동을 반복하고 몇 주 몇 년이 지나고 나면 마치 제 몸의 일부처럼 아주 편하고 쉽게 그 행동을 할 수 있습니다. 그것은 좋은 습관이든 나쁜 습관이든 마찬가지입니다. 습관에는 마법과 같은 힘이 있습니다.

행복한 삶과 불행한 삶은 오랜 습관들에 의해 결정된다고 믿습니다. 습관은 행복의 여부를 결정짓는 키워드입니다. 좋은 습관을 많이 가진 사람은 행복해지고, 나쁜 습관을 많이 가진 사람은 불행해진다는 이야기입니다.

미국 건국의 아버지 가운데 한 명인 벤자민 프랭클린은 습관의 힘에 대해서 잘 알고, 평생 동안 실천한 사람입니다. 그는 인격을 형성하는 주요한 덕목(혹은 원칙) 13개를 정하였습니다.(원칙이 습관화되어 우리 몸에 남으면 그것이 바로 덕목) 그리고 그 덕목을 구성하는 행동 규칙들을 만들었습니다. 벤자민 프랭클린은 좋은 습관을 영구적인 것으로 만들어, 완전한 성품을 형성하고자 노력했습니다.

행복한 삶과 불행한 삶은

오랜 습관들에 의해 결정된다고 믿습니다.

습관은 행복의 여부를 결정짓는 키워드입니다.

좋은 습관을 많이 가진 사람은 행복해지고,

나쁜 습관을 많이 가진 사람은 불행해진다는 이야기입니다.

삶이 행복해지는 13개의 덕목

1. 절제(Temperance)	둔해질 정도로 먹지 말라. 취하도록 마시지 말라.
2. 침묵(Silence)	타인이나 자신에게 이롭지 않은 말은 하지 말라. 사소한 대화를 피하라.
3. 질서(Order)	모든 물건을 제자리에 두라. 모든 일을 제시간에 하라.
4. 결단(Resolution)	네가 해야 할 일을 하기로 결심하라. 결심한 것은 반드시 실천하라.
5. 절약(Frugality)	타인과 자신을 이롭게 하는 것 외에는 돈을 쓰지 말라. 즉 낭비하지 말라.
6. 근면(Industry)	시간을 낭비하지 말라. 항상 유용한 일을 하라. 모든 불필요한 행동을 제거하라.
7. 진실(Sincerity)	남에게 피해를 주는 거짓말은 하지 말라. 순수하고 정의롭게 생각하라. 순수하고 정의롭게 말하라.
8. 정의(Justice)	남에게 피해를 주거나 당연히 돌아갈 이익을 주지 않거나 하지 말라.
9. 중용(Moderation)	극단은 피하라. 복수는 피하라, 비록 그것이 응분의 대가로 보인다 하더라도.
10. 청결(Cleanliness)	몸, 옷, 집 안이 청결하지 않음을 결코 용납하지 말라.
11. 평정(Tranquility)	사소한 일, 일상적으로 일어나거나 피할 수 없는 일로 마음이 흔들리지 말라.
12. 순결(Chastity)	건강이나 자녀를 위해서만 성적 관계를 맺어라. 감각이 둔해지거나 몸이 약해지거나, 자신과 다른 이의 평화와 평판에 해가 될 정도까지 하지 말라.
13. 겸손(Humility)	예수와 소크라테스를 본받아라.

벤자민 프랭클린은 13개의 덕목을 습관으로 만들기 위해 현실적인 방법을 채택했습니다. 한 주에 하나의 덕목에 집중해 노력을 기울였습니다. 1주차에는 절제, 2주차에는 침묵, 3주차에는 질서 이렇게 한 주에 하나의 덕목을 실천했습니다. 이런 식으로 13주가 지나면 다시 처음의 덕목인 절제로 돌아왔습니다. 이 일을 반복하다 보면 잘 지키지 못했던 덕목들이 습관화되기 마련입니다. 이것이 바로 자기 관리의 시작이고, 습관의 힘인 것이지요.

우리도 벤자민 프랭클린의 방법을 사용하기로 합시다. 저는 지금까지 강의에서 의지, 정서, 이성, 신체의 탁월성에 대해 이야기했습니다. 그 안에 14개의 행복 원칙, 즉 좋은 습관이 담겨 있지요. 이 14개의 좋은 습관을 정리해 보겠습니다.

삶을 행복하게 만드는 좋은 습관

의지의 탁월성	용기	감사	평정	
정서의 탁월성	웃음	관용	이해	믿음
이성의 탁월성	언어	자기 발견	우선순위	사회의 행복
신체의 탁월성	식습관	운동	휴식	

1. 용기	두려움을 인정하자. 두려움의 궁극적인 원인을 찾아내자. 건강한 가치관과 자신감으로 두려움을 이겨 내자.
2. 감사	욕심을 버리자. 내가 가지고 있는 것에 감사하자. 매일 감사 일기를 쓰자.(오늘 하루 감사했던 일 다섯 가지 찾기)
3. 평정	인생은 고통의 연속임을 받아들이고, 평정을 찾자. 큰 고통이 찾아왔을 때 그것이 내게 무엇을 가르치려 하는지 생각해 보자.
4. 웃음	웃는 얼굴이 운명을 바꾼다는 것을 기억하고, 자주 웃자.
5. 관용	나의 성격 유형을 파악하자. '다른 것이 아름답다.'는 생각으로, 타인과의 다름을 인정하자.
6. 이해	다른 사람의 입장에서 타인의 마음을 느껴 보자.
7. 믿음	조건을 따지지 않는 믿음을 주고받을 수 있도록 진정성 있게 행동하자.
8. 언어	지혜롭게 언어를 사용하자. 되도록 말을 아끼자. 다른 사람에 대한 험담을 하지 말자.
9. 자기 발견	내가 좋아하는 일, 내가 잘하는 일을 찾자.
10. 우선순위	자신의 가치관의 따라 우선순위를 결정하자. 급하지 않지만 중요한 일의 중요성을 잊지 말자.
11. 사회의 행복	개인의 지혜를 활용해 사회의 행복을 이룰 수 있는 일을 찾아보자.
12. 식습관	인스턴트식품과 가공식품을 피하고, 바른 식습관을 가지자.
13. 운동	나에게 맞는 운동을 찾아 규칙적으로 운동하자.
14. 휴식	하루 7~8시간 자도록 노력하자. 자신의 몸에 맞는 휴식과 라이프스타일을 찾자.

희큐쌤 앞에서 벤자민 프랭클린이 한 주에 하나씩 덕목을 실천한 것처럼, 우리도 한 주에 하나씩 좋은 습관을 실천해 봅시다. 우리의 삶을 행복하게 만들어 주는 습관들을 한 주에 하나씩 익혀 나가는 겁니다.

도현 그런데 순서를 어떻게 하면 좋을까요? 선생님 강의 순으로 하는 게 좋을지, 저희들이 원하는 순서대로 하는 게 좋을지 고민돼요.

희큐쌤 음, 사실 순서는 중요하지 않다고 생각해요. 제 강의 순서대로 해도 좋고, 여러분이 원하는 순서대로 해도 좋아요. 빠트리지 않고 규칙적으로 실천하는 게 중요한 거니까 말이에요. 자, 다 같이 노트를 펼쳐 볼까요? 그리고 제가 이야기한 좋은 습관 14개를 자신이 원하는 순서대로 써 보세요. 자신이 써 내려간 그 순서대로 행복 프로젝트를 시작해 보는 겁니다. 이 행복 프로젝트를 통해 여러분 스스로 "행복하다."라고 말할 수 있게 되길 바랍니다. 이것으로 제 강의를 모두 마치겠습니다. 여러분 모두 수고 많으셨습니다. 그리고 언제나 행복한 여러분이 되길 기원합니다.